做自己的律师

丛书主编/韩文生

以案说法

——侵权责任纠纷法律指引

李　琳 主编

中国言实出版社

图书在版编目（CIP）数据

以案说法：侵权责任纠纷法律指引 / 李琳主编.
北京：中国言实出版社，2024.9. --（做自己的律师 /
韩文生主编）. -- ISBN 978-7-5171-4939-2

Ⅰ.D923.04

中国国家版本馆CIP数据核字第2024FJ7041号

以案说法——侵权责任纠纷法律指引

责任编辑：王战星
责任校对：代青霞

出版发行：中国言实出版社
　　　　　地　　址：北京市朝阳区北苑路180号加利大厦5号楼105室
　　　　　邮　　编：100101
　　　　　编辑部：北京市海淀区花园北路35号院9号楼302室
　　　　　邮　　编：100083
　　　　　电　　话：010-64924853（总编室）　010-64924716（发行部）
　　　　　网　　址：www.zgyscbs.cn　　电子邮箱：zgyscbs@263.net

经　　销：新华书店
印　　刷：北京铭传印刷有限公司
版　　次：2024年10月第1版　　2024年10月第1次印刷
规　　格：880毫米×1230毫米　　1/32　　6印张
字　　数：196千字

定　　价：68.00元
书　　号：ISBN 978-7-5171-4939-2

丛书编委会

主　任

韩文生

副主任

许身健

编委（以姓氏笔画排序）

丁亚琪　乌　兰　刘　涛　刘炫麟
刘智慧　苏　宇　李　晓　李　琳
范　伟　赵　霞　臧德胜

本书编委会

主 编

李 琳

副主编

刘元悦 邓晓曦

撰稿人（以姓氏笔画排序）

王飞涵 邓晓曦 刘元悦

李 琳 李嘉容 余 川

总　序

在建设法治中国这一波澜壮阔的历史征程中，每个公民不仅是其辉煌历程的见证人，更是积极参与、奋力推动其前行的中坚力量。面对法治时代的召唤，我们如何自处？答案既简单又深远：既要成为遵纪守法的模范公民，又要勇于并善于拿起法律武器，捍卫自身合法权益。这一使命，可概括为以下四个方面：

一是树立法治意识。这是心灵深处的法律灯塔，照亮公民对法律的认知之路。它不仅是对法律规则的敬畏与尊重，更是内化为日常行为的自觉遵循，其强弱直接关系到法治社会的建设成效。

二是培养法治思维。这是开启法律智慧大门的钥匙，引领我们从法治的视角审视世界、解决问题，是推动社会公正与和谐的重要力量。

三是提升法治能力。这不仅是具备从法律视角发现问题、分析问题、解决问题的能力，还体现在能够依法处理各类法律事务上。随着国家治理体系和治理能力现代化的完善和推进，法治能力是每个公民不可或缺的技能。

四是依法维护自身合法权益。法律，是公民权利的守护神。

在权益受到侵害时，我们不应选择沉默或妥协，而应勇敢地拿起法律武器，捍卫自己的尊严与权益。通过学习法律知识，了解法律程序，我们能够更加自信地面对挑战，确保自己的合法权益不受侵犯。

这套"做自己的律师"丛书，正是基于这样的理念与使命而诞生。它汇聚了我们身边一些常见的、真实的、典型的法律案例，通过深入解析，全方位、多角度地满足读者学习法律的需求。

丛书共9册，包括婚姻家庭继承、侵权、消费者权益保护、物权、合同、公司、劳动、刑事、行政等法律领域，为读者提供了全面而深入的法律指引。

我坚信，这套丛书将成为每位公民提升法治意识、培养法治思维、增强法治能力、依法维护自身合法权益的得力助手。书中丰富的案例，如同明灯一般，为读者提供可借鉴、可参考的解决方案，让法律不再是遥不可及的概念，而是触手可及、切实可行的行动指南。

我深信，当您细细品读本套丛书之时，定能更深刻地领悟法律之精髓，体会法治之真谛。在这一过程中，您将获得法律知识的全面滋养，清晰界定自己在法律框架中的位置，明确自身权利、义务与责任，从而在面对生活与工作的种种情境时，能够更加自信、有力地捍卫自己的合法权益。

本套丛书的作者群体包括中国政法大学的专家、学者和司法实践经验丰富的律师、法官等。尽管每位成员的工作均极为繁重，但他们以法律普及为己任，不辞辛劳，甘愿牺牲个人休息时间，夜以继日，只为将法律的精髓与智慧凝结成册，按期呈现给广大读者。在此，特向他们致以衷心的感谢！

本套丛书不仅对社会大众读者广有裨益，而且对从事立法、行政执法、司法、纪检监察、律师、公证、基层法律服务、法学教研、政府机关、社区、村民自治等相关工作的人士同样具有重要参考价值。

愿法律与您同在，愿法治与您同行！

韩文生

中国政法大学法硕学院党委书记

前　言

　　侵权责任是指因违法行为侵害他人民事权益，造成损害而需要承担的损害赔偿等民事责任。侵权责任纠纷是生活中最常见的纠纷之一，老百姓在平常生活中，从交通事故到医疗纠纷、从高空抛物到宠物伤人、从网络诽谤到产品致害等，多多少少都会遇到侵权纠纷。意思自治、过错自负、诚实生活、勿害他人，这既是社会基本共识，也是民法的基本法理。2021 年生效的《中华人民共和国民法典》（以下简称《民法典》）"第七编侵权责任编"系统地规定了侵权责任的归责原则、损害赔偿规则以及各种具体侵权责任，例如营业机构等的安全保障义务、网络侵权责任、雇主责任、产品责任、医疗责任、饲养动物损害责任、机动车交通事故责任等。《民法典》的出台，为保护民事主体合法权益、预防和惩罚侵权行为提供了最坚实的基础和保障。

　　然而，由于《民法典》条文众多，理解起来比较复杂，老百姓往往难以适用。在遇到侵权行为的时候该怎么办？如何维护自身的合法权益？若是进行诉讼，如何更好地与法官和律师沟通？这些问题，都是老百姓遭遇侵权行为时的痛点难点。

为了让老百姓学法用法，让《民法典》真正走进老百姓的生活之中，在丛书编委会的精心策划和安排下，我们组织了六位理论学者和实务专家，分别从生命权纠纷、健康权纠纷、名誉权纠纷、隐私权纠纷、个人信息保护权纠纷、监护人责任纠纷、用人单位责任纠纷、提供劳务者致害责任纠纷、网络侵权责任纠纷、违反安全保障义务责任纠纷、产品责任纠纷、机动车及非机动车交通事故责任纠纷、医疗损害责任纠纷、饲养动物损害责任纠纷等20多个与人们生活紧密相关的领域，精心遴选40多个真实案例进行逐一分析。每个案例都设置了"案例简介""以案说法""专家建议"和"关联法条"等几个部分。"案例简介"中简述了案件的基本案情和法院的审判程序和裁判结果。"以案说法"提取了案例中体现的法律问题并进行深入分析。"专家建议"是专家根据案例情况提出一些在生活中遭遇类似情况时的对策和建议。"关联法条"中列出了与案件相关的法条，供读者检索查阅。我们希望通过这一个个活生生的案例，让侵权责任法的规则真正扎根在老百姓的生活之中，让老百姓都能做自己的律师。同时本书也可以作为法律爱好者或者从业者了解法律适用的得力工具。

党的二十大报告指出："我们要坚持走中国特色社会主义法治道路，建设中国特色社会主义法治体系、建设社会主义法治国家，围绕保障和促进社会公平正义，坚持依法治国、依法执政、依法行政共同推进，坚持法治国家、法治政府、法治社会一体建设，全面推进科学立法、严格执法、公正司法、全民守法，全面推进国家各方面工作法治化。"在全面推进"法治中国"建设的过程中，保护民事主体的权利是非常重要的工作。《民法典》是权利的保护法。而权利保护集中体现在了侵权责任纠纷之中。希望本书的出版，能够为建设社会主义法治国家贡献绵薄之力。

　　本书由六位撰稿人集体讨论编写而成，主编和副主编进行了统稿，最后由主编定稿。法学知识博大精深，法律适用纷繁复杂，本书虽是管中窥豹之作，愿有可见一斑之功。唯编者能力有限，加之时间仓促，恐有错漏，还望读者不吝赐教，以促使本书不断更新完善。

本书编委会

2024 年 2 月 29 日

目 录

一、人格权纠纷

一、人格权纠纷

健康权纠纷

签订一次性赔偿协议应注意事项

侵权行为造成他人损失的，双方出于各种目的，可能会签订一份一次性赔偿协议书以确定和解决赔偿数额问题。如果被侵权人对赔偿的相关法规不熟悉，或出于着急用钱治病等目的，会贸然签订一份一次性赔偿协议书。此时，如果协议书的内容有失公平，则会与救助被侵权人、化解纠纷的目的背道而驰，可能会引起更多的纠纷。

一、案例简介

（一）基本案情

2019年6月15日19时许，在某饭店内，刘某与陈某酒后发生争执。其间，陈某用啤酒瓶打刘某头部，后在饭店门口处，刘某将陈某从台阶推下，并对倒地的陈某进行殴打。待陈某起身走到台阶上时，刘某再次将陈某推倒在台阶下，致使陈某颅内出血，出现伴脑受压症状和体征。经法医鉴定，陈某的伤情程度构成重伤二级。2019年7月8日，陈某与刘某配偶秦某达成《赔偿协议书》一份，载明"伤害人刘某赔偿受害人陈某人民币五万元整，先付叁万元整，剩余贰万元法院判决后赔付。受害人陈某不再追究其他民事权利主张"，秦某手写"以后法院判后积极赔偿"字样。法院另查明，陈某通过"水滴筹"获得捐款 16513 元。关于陈某的损失，法院审查认可 224400.96 元。

陈某向法院提起诉讼，请求判令刘某赔偿陈某医疗费、误工费、住院伙食补助费、护理费、营养费、交通费、鉴定费等共计 204885.86 元。被告刘某认为应以《赔偿协议书》约定为准，且陈某通过"水滴筹"筹款、保险报销等方式已经取得一定补偿，不同意原告诉讼请求，请求法院予以驳回。[①]

（二）法院裁决

1. 一审判决

一审法院认为，虽然双方在 2019 年 7 月 8 日达成《赔偿协议书》，但该协议并未完全履行，本次事件造成陈某各项经济损失共计 22 万余元，协议赔偿 5 万元明显过低，有失公允，刘某应对陈某的损失继续承担赔偿责任。受害人陈某与侵权人刘某之间形成的是侵权法律关系，与保险、"水滴筹"等产生的基础不同、法律性质不同、主体不同，且不属于同一原因，没有因果关系，不能通过捐助、保险报销来减轻侵权人的赔偿责任。一审法院判决刘某于判决生效之日起 10 日内赔偿陈某损失 104640.58 元，驳回陈某的其他诉讼请求。

2. 二审判决

二审法院认为，一审根据相关证据，对陈某损失数额及双方责任比例承担认定具有事实和法律依据，并无不当，对一审法院作出的判决事项予以维持。

---

① 详可参见（2023）鲁 07 民终 2905 号民事判决书。

二、以案说法

本案的争议焦点主要有两个：一是是否应按照《赔偿协议书》的约定确定赔偿数额；二是通过捐助、保险报销的方式能否减轻侵权人的赔偿责任。

（一）是否应按照《赔偿协议书》的约定确定赔偿数额

《中华人民共和国民法典》（以下简称《民法典》）第一千一百六十五条第一款规定："行为人因过错侵害他人民事权益造成损害的，应当承担侵权责任。"本案中，被告与原告发生争执后殴打原告，构成侵权，应当承担侵权责任，同时原告对于侵权行为发生亦有过错，依据《民法典》第一千一百七十三条规定："被侵权人对同一损害的发生或者扩大有过错的，可以减轻侵权人的责任。"根据这一条款，法院综合认定被告承担60%责任并无不当。但考虑到双方签订《赔偿协议书》的初衷是为了给被告刘某出具谅解书，该协议并未完全履行，未就赔偿事宜作出了断，且双方签订该协议书时，被上诉人陈某遭受严重伤害并未出院，不能预见到陈某其后的治疗情况和治疗结果。陈某仅医疗费就花费168832.52元，本次事件造成陈某各项经济损失共计22万余元，协议赔偿5万元明显过低，依据《民法典》第六条的规定："民事主体从事民事活动，应当遵循公平原则，合理确定各方的权利和义务。"该协议有失公平，故不能依照《赔偿协议书》约定数额确定被告赔偿责任，刘某应对陈某的损失继续承担赔偿责任。

（二）捐助、保险报销方式能否减轻侵权人的赔偿责任

首先，从"水滴筹"的救助宗旨上来说，是帮助患者获得资金帮助，而非减轻侵权人的责任；其次，从"水滴筹"的法律性质上来看，它是通过社交平台向社会不特定的人群发出捐款倡议，

捐款人与被侵权人形成赠与法律关系，其受赠对象是明确的，属合同之债；而受害人与侵权人之间形成侵权法律关系，属于侵权之债。二者产生的基础不同、法律性质不同、主体不同，且不属于同一原因，没有因果关系，不适用民事赔偿等价补偿原则和财产损失填补原则进行损益相抵。最后，从《民法典》的立法目的来说，侵权的赔偿目的是"预防并制裁侵权行为"，是侵权人因其行为而承担责任限额内的赔偿责任，这种预防和制裁性质，如果因其筹到社会捐款而减少或豁免，那将失去意义，与立法目的和法律精神不相符。故本案中被告主张被上诉人通过"水滴筹"获得捐款 16513 元，不能作为减轻侵权人的赔偿责任的依据。

三、专家建议

面对生活中的矛盾纠纷，双方一定要冷静处理，不要动辄诉诸武力，造成侵权事件发生。当遭受侵权损害时，作为被侵权人，要及时就医并全面检查伤情，保留好付费单据，作为支持自身诉讼请求的依据；在受伤程度未确定，相关医疗和后续赔偿费用不明确的情况下，不要贸然签订赔偿协议书，以免再度产生相关纠纷；对于专业性赔偿法律问题，需及时咨询专业律师，初步确定可能的赔偿项目和数额。

四、关联法条

《中华人民共和国民法典》第六条、第一百一十条、第一千零三条、第一千零四条、第一千一百六十五条、第一千一百七十九条。

生命权纠纷

公共安全，自己也有责任

法律规定，公共安全需要由组织者、管理者、服务者承担，但也需要区分好公共安全和个人安全之间的界限。

一、案例简介

（一）基本案情

2017年1月16日，北京市公安局丰台分局卢沟桥派出所接到李某某的110报警，称支某3外出遛狗未归，怀疑支某3掉进冰里了。接警后该所民警赶到现场开展查找工作，于当晚在永定河拦河闸自西向东第二闸门前的消力池内发现一死亡男子，经家属确认为支某3。发现死者时永定河拦河闸南侧消力池内池水表面结冰，冰面高度与消力池池壁边缘基本持平，消力池外河道无水。北京市公安局丰台分局于2017年1月20日出具关于支某3死亡的调查结论（丰公治亡查字〔2017〕第021号），主要内容为：经过（现场勘察、法医鉴定、走访群众等）工作，根据所获证据，得出如下结论:（1）该人系溺水死亡;（2）该人死亡性质不属于刑事案件。支某3家属对死因无异议。支某3遗体被发现的地点为永定河拦河闸下游方向闸南侧消力池，消力池系卢沟桥分洪枢纽水利工程（拦河闸）的组成部分。永定河卢沟桥分洪枢纽工程的日常管理、维护和运行由北京市永定河管理处负责。北京市水务局称事发地点周边安装了防护栏杆，在多处醒目位置设置了多个警示标牌，标牌注明管理单位为"北京市永定河管理处"。支某3的父母支某1、马某某，妻子李某某和女儿支某2向法院起诉，请求北京市永定河管理处承担损害赔偿责任。

（二）法院裁决

1. 一审判决

一审法院认为，永定河道并非正常的活动、通行场所，依据一般常识即可知无论是进入河道或进入冰面的行为，均容易发生危及人身的危险。对此类危险后果的预见性，并不需要管理机关事先的警告、告知，亦不需要专业知识就可知晓。支某3在明知进入河道、冰面行走存在风险的情况下，仍进入该区域并导致自身溺亡，其主观上符合过于自信的过失、其行为属于侵权责任法上的自甘风险行为，应自行承担相应的损害后果。一个成年人应系自身安危的第一责任人，不能把自己的安危寄托在国家相关机构的无时无刻的提醒之下，户外活动应趋利避害，不随意进入非群众活动场所系每一个公民应自觉遵守的行为规范。因此判决驳回原告的全部诉讼请求。

2. 二审判决

北京市第二中级人民法院于2019年4月23日作出判决：驳回上诉，维持原判。①

----

① 详可参见（2019）京02民终4755号民事判决书。

二、以案说法

本案主要争议在于支某3溺亡事故发生地点的查实、相应管理机关的确定，以及该管理机关是否应承担侵权责任。本案主要事实和法律争议认定如下：

关于支某3的死亡地点及管理机关的事实认定。首先，从死亡原因上看，公安机关经鉴定认定支某3死因系因溺水导致；从事故现场上看，支某3遗体发现地点为永定河拦河闸前消力池。根据受理支某3失踪查找的公安机关派出所出具的工作记录可认定，支某3溺亡地点为永定河拦河闸南侧的消力池内。其次，关于消力池的管理机关。现已查明北京市永定河管理处为永定河拦河闸的管理机关，北京市永定河管理处对此亦予以认可，并明确确认消力池属于其管辖范围，据此认定北京市永定河管理处系支某3溺亡地点的管理责任方。鉴于北京市永定河管理处系依法成立的事业单位，依法可独立承担相应民事责任，故北京市水务局、北京市丰台区水务局、北京市丰台区永定河管理所均非本案的适格被告，支某1等4人要求该3被告承担连带赔偿责任的主张无事实及法律依据，不予支持。

关于管理机关北京市永定河管理处是否应承担侵权责任的认定。首先，本案并不适用侵权责任法中安全保障义务条款。安全保障义务所保护的人与义务人之间常常存在较为紧密的关系，包括缔约磋商关系、合同法律关系等，违反安全保障义务的侵权行为是负有安全保障义务的主体没有履行合理范围内的安全保障义务而实施的侵权行为。根据查明的事实，支某3溺亡地点位于永定河拦河闸侧面消力池。从性质上看，消力池系永定河拦河闸的一部分，属于水利工程设施的范畴，并非对外开放的冰场；从位置上来看，消力池位于拦河闸下方的永定河河道的中间处；从抵达路径来看，抵达消力池的正常路径，需要从永定河的沿河河堤下楼梯到达河道，再从永定河河道步行至拦河闸下方，因此无论是消力池的性质、消力池所处位置还是抵达消力池的路径而言，均难以认定消力池属于公共场所。北京市永定河管理处也不是群众性活动的组织者，故支某1等4人上诉主张4被上诉人未尽安全保障义务，与法相悖。其次，从侵权责任的构成上看，一方主张承担侵权责任，应就另一方存在违法行为、主观过错、损害后果且违法行为与损害后果之间具有因果关系等侵权责任构成要件承担举证责任。综上，北京市永定河管理处对支某3的死亡发生无过错，不应承担赔偿责任。需要指出的是，因支某3意外溺亡，造成支某1、马某某老年丧子，支某2年幼丧父，其家庭境遇令人同情，法院对此予以理解，但是赔偿的责任方是否构成侵权则须法律上严格界定及证据上的支持，不能以情感或结果为导向将损失交由不构成侵权的他方承担。

三、专家建议

人民群众要对自身安全负责。在日常生活中，应避免到在大众常识认知中的危险地带去，如碰到被警示危险的区域，如施工场域等，要尽量绕行，避免进入，否则就可能危及自身安全。在公共场所的管理者尽到提示义务时，发生严重后果须由当事人自行承担。人人都是自己安全的第一责任人，既要对他人的安全负责，也要对自己的安全负责。

四、关联法条

《中华人民共和国民法典》第一千一百九十八条。

姓名权纠纷

姓名被冒用，该如何维权

姓名权是一种标表型人格权，《中华人民共和国宪法》规定的人格尊严不受侵犯，通常被认为是指民法意义上的人格权，包括姓名权、名誉权、肖像权等不受侵犯。而当公民的个人姓名被冒用，自己的姓名权受到侵害时，应当及时拿起法律的武器保护自己的合法权益。

一、案例简介

（一）基本案情

2019 年 4 月初，陆某入职上海市浦东新区某大酒店，月薪4500 元。同月，该单位在向社保中心缴纳陆某社会保险金的时候发现陆某已由 A 公司作为缴费单位，不能重复缴费；遂以陆某不诚实为由辞退陆某。陆某发现自己的个人信息被冒用后，联系 A公司消除影响、帮助挽回工作未果，双方就陆某经济损失协商不一致，陆某遂向人民法院起诉 A 公司①。

---

① 详可参见（2019）沪 0151 民初 8038 号。

（二）法院裁决

1. 一审判决

一审法院认为，公民的姓名权受法律保护。被告 A 公司冒用原告的姓名进行有关社会保险缴费登记，具有侵害原告姓名权的事实，其未经原告同意擅自使用原告姓名，又无法说明原告信息的来源、冒用的具体过程等情况，应认定存在过错。

原告陆某被辞退的时间与被告侵权行为在发生时间上契合，原告在发现信息被冒用后随即联系被告消除影响，被告亦认可原告曾联系要求其帮助解释、挽回工作，双方沟通交流情况与原告 26 日被辞退办理离职手续时间上亦吻合，故一审法院认为原告被辞退与被告侵权行为之间具有关联性，被告应当承担由此造成的原告损失。

因此，一审法院认为，被告 A 公司应承担原告陆某失业及重新就业所需过渡费的损失，判决其赔偿原告陆某经济损失 10000 元。

2. 二审判决

二审驳回上诉，维持原判。

二、以案说法

人格权独立成编，强调人格权保护，是《中华人民共和国民法典》（以下简称《民法典》）的一大亮点，也是一项重大的制度创新，体现了我国法律对公民人格权的重视和保护。作为人格权的重要内容的姓名权一旦被侵犯，极可能对个人的日常生活产生重要影响，保护姓名权和合理使用自己的姓名权才能让自己在社会生活中更加顺利、快乐地生活。

（一）姓名权的范围

姓名是自然人用以区别他人的文字符号。现代中国汉民族自然人一般以"姓＋名"组成其姓名。单姓的人起名一般由两个字或者三个字构成其姓名。复姓人起名一般由三个字或者四个字构成其姓名。少数民族自然人起名则遵循其民族的文化和习惯。除了这些姓名外，《民法典》第一千零一十七条还规定："具有一定社会知名度，被他人使用足以造成公众混淆的笔名、艺名、网名、译名、字号、姓名和名称的简称等，参照适用姓名权和名称权保护的有关规定。"

（二）姓名权的行使

1. 自然人有权决定和变更自己的姓名

公民依法享有姓名权，同时行使姓名权应当尊重社会公德，不得损害社会公共利益。在中华传统文化中，"姓名"中的"姓"，即姓氏，体现着血缘传承、伦理秩序和文化传统，公民选取姓氏涉及公序良俗。《民法典》第一千零一十五条规定："确定自然人的姓氏，父母的姓氏为首先，其次是其他直系长辈血亲的姓氏；由法定扶养人之外的人抚养的可以选择扶养人的姓氏。如果要在上述范围之外选择姓氏，则应当有不违背公序良俗的其他正当理由。"

而在网络上曾一度引起热议的"北雁云依"诉济南市公安局历下区分局燕山派出所公安行政登记案则是未能合法合理使用姓名权的案例，最终驳回原告"北雁云依"要求确认被告燕山派出所拒绝以"北雁云依"为姓名办理户口登记行为违法的诉讼请求。

2. 自然人姓名的许可与使用

自然人使用自己姓名的权利受到法律保护，任何组织或者个人不得干涉自然人使用其姓名，也不得冒用、假冒他人的姓名。

（1）干涉。包括对行使姓名权命名权、使用权、变更权和许可他人使用权的干涉行为。（2）盗用。是未经权利人本人同意而非法使用权利人的姓名、名称，盗用不同于冒用，是非法使用而未冒名顶替权利人。（3）冒用。是未经权利人本人的同意，不仅非法使用权利人的姓名或者名称，而且直接冒用姓名权人或者名称权人的身份，进行民事活动。

三、专家建议

姓名权是公民的基本权利，但是其行使也有边界，如在决定公民自己或其子女的姓名时应当遵守相应法律规定及公序良俗，而非全然自由无界限的行为。同时，姓名与个人生活息息相关，一旦发现自己的姓名被冒用或盗用，均属于违法行为，可以积极搜集证据、寻求帮助以消除影响、要求侵权者弥补损失。

四、关联法条

《中华人民共和国民法典》第一千零一十二条、第一千零一十四条、第一千零一十七条。

肖像权纠纷

明星肖像擅自商用不可取

明星群体因其银屏上的鲜明形象和较高曝光度而广为人所知，他们塑造的一些典型形象因特点鲜明、活泼生动深受大众喜爱，这些形象普遍具有较高知名度，能够吸引大众的注意。但明星也同样享有肖像权，以商业利益为目的使用明星肖像应取得其同意，其他人不可擅自使用明星的肖像为自己宣传、引流。否则，则有构成侵犯肖像权之嫌。

一、案例简介

（一）基本案情

葛优为我国知名演员、国家一级演员。葛优曾在电视剧《我爱我家》中扮演纪春生（二混子），该角色特点为懒惰耍赖、骗吃骗喝。"葛优躺"是指演员葛优在1993年情景喜剧《我爱我家》第17、18集里面的剧照姿势。《我爱我家》讲述了葛优饰演的"二混子"纪春生，去贾家蹭吃蹭喝的故事，经过引申，"葛优躺"比喻"颓废"的现状。2016年12月14日，"葛优躺"入选《咬文嚼字》的2016年十大流行语。2016年7月25日，被告某信息技术（北京）有限公司在其新浪微博号"××旅行网"中发布了使用原告葛优肖像的配图微博，未经许可使用了 7 张原告的肖像共计 18 次，整篇微博以图片配台词的形式，在每张图片中添加台词字幕，通过介绍"葛优躺"，代入与被告业务相关的酒店预订。被告擅自加工和使用原告的肖像图片，具有明显的商业属性，旨在宣传其旅游项目及酒店预订，极易使众多浏览者及消费者误认为原告系被告代言人，或与被告存在某种合作关系，使原告蒙受外界诸多误解。葛优向法院提出诉讼请求：请求判令被告在其新浪微博"××旅行网"账号中置顶位置向原告公开赔礼道歉不少于30 日，赔偿经济损失 40 万元，维权合理开支 1 万元。

（二）法院裁决

1. 一审判决

一审法院判决：（1）本判决生效后 10 日内，被告某信息技术（北京）有限公司在其运营的"××旅行网"微博账号，针对未经许可使用原告葛优剧照及照片的行为公开发布致歉声明，置顶 72 小时，30 日内不得删除；声明内容需经本院审核；如不能履行本项判决，本院将在相关媒体公开判决书的主要内容，费用由被告某信息技术（北京）有限公司负担；（2）被告某信息技术（北京）有限公司赔偿原告葛优经济损失 7 万元，支付其维权合理支出 5000 元，以上共计 75000 元，本判决生效后 10 日内给付；（3）驳回原告葛优的其他诉讼请求。如果被告某信息技术（北京）有限公司未按本判决指定的期间履行给付金钱义务，应当依照《中华人民共和国民事诉讼法》第二百五十三条之规定，加倍支付延迟履行期间的债务利息。案件受理费 2350 元，由被告某信息技术（北京）有限公司负担（于本判决生效后 7 日内交纳）。

2. 二审判决

二审法院认为一审判决认定事实清楚，适用法律正确，依法应予维持。①

二、以案说法

肖像是通过绘画、摄影、电影等艺术形式使自然人的外貌在物质载体上再现的视觉形象。肖像权，是指自然人对自己的肖像享有再现、使用或许可他人使用的权利。其载体包括人物画像、生活照、剧照等。剧照涉及影视作品中表演者扮演的剧中人物，当一般社会公众将表演形象与表演者本人真实的相貌特征联系在一起时，表演形象亦为肖像的一部分，影视作品相关的著作权与肖像权并不冲突。

《我爱我家》中的"葛优躺"造型确已形成特有网络称谓，并具有一定的文化内涵，但一般社会公众看到该造型时除了联想到剧目和角色，也不可避免地与葛优本人相联系。该表现形象亦构成原告的肖像内容，并非如某信息技术（北京）有限公司所称完全无肖像性质。即便该造型已成为网络热点，商家亦不应对相关图片进行明显的商业性使用，否则仍构成对葛优肖像权的侵犯。

本案中某信息技术（北京）有限公司在其官方微博中使用了多幅系列剧照，并逐步引导与其业务特征相联系，最终将"葛优躺"图片的背景变更为床、浴室等酒店背景，附宣传文字和标识、二维码，虽然上述方式并不能使网友认为葛优为某信息技术（北京）有限公司进行了代言，但仍有一定商业性使用的性质，且该微博还同时使用了一张葛优此前的单人广告照片，故某信息技术（北京）有限公司在涉案微博中的使用行为侵犯了葛优的肖像权，应承担相应的法律责任。

---

① 详可参见（2018）京 01 民终 97 号民事判决书。

三、专家建议

网络不是键盘手的法外之地，人人都应该谨言慎行，尊重他人肖像权，减少滥用行为。

四、关联法条

《中华人民共和国民法典》第一千零一十九条、第一千条。

跟着"蓝朋友"学习肖像权保护

朋友圈照片背景惊现旅客"合影"算不算侵权？在街角照相馆发现自己的照片摆在橱窗，该如何维权？这些极有可能发生在你我身边的小事却蕴含着深刻的法律内涵。只有正确认识何为"肖像"、何为"肖像权"、"肖像权"保护救济途径有哪些，才能更好地运用法律武器维护自己的合法权益。

一、案例简介

（一）基本案情

2021年1月21日，某生物科技有限公司（被告）在其运营的微信公众号发布了一篇名为《解锁某神秘"蓝朋友"，领取蓝膜福利！》的文章。在这篇文章中提到，该公司即将迎来神秘"蓝朋友"。文章中对这位神秘"蓝朋友"进行介绍："他，是实力与流量并存的superstar。舞台上的他，是实力舞者；荧幕中的他，是令人惊喜的青年演员，主演的两部电影均超过10亿票房；舞台和荧幕之外，他是身体力行的正能量偶像。"该段文字介绍后配了一张人物肖像剪影图片（侧面）。文章紧接着提道："2021年，他将携手助力绽妍蓝膜，赶紧猜猜他的身份，赢取同款蓝膜福利！点击大图解锁更多'蓝朋友'身份信息。"而后，文章公布了三个"蓝朋友"身份线索。第一个身份线索，"他的粉丝应援色是红色"；第二个身份线索，"他曾以文化、专业双科第一的成绩考入中央戏剧学院表演系";第三个身份线索,"他多才多艺,擅长街舞、书法、雕塑"。文章载明,领取福利的条件为:(1)点击在看并转发本文至朋友圈;(2)赶紧在评论区留言,说出他的身份。文章载明,将在下期选出猜对的十名粉丝,并获得该公司蓝膜正装一盒(皮肤保湿修护贴)。文章还提到了该公司医疗器械天猫旗舰店的宣传推广活动。案涉文章的精选留言区有大量留言,均提到"易烊千玺""四字弟弟"等称呼。同时,当易烊千玺(原告)委托律师到该公司的办公所在地现场调查时,发现被告公司在前台等位置摆放易烊千玺的人形立牌若干个;同时,在各个人形立牌上面,均使用了易烊千玺的正面全身形象照和姓名。[①]

(二)法院裁决

首先,案涉文章中的肖像剪影在结合文章内其他内容的情况下,具有明显的可识别性,因此构成对原告肖像权的侵权。其次,案涉文章的留言系经过被告精选后展示,相应留言明确提及了原告姓名,尽管该姓名并非被告在文章中直接提及,但被告通过精选留言此种方式,变相地使用了原告名字,使得原告与被告文章中提及的神秘"蓝朋友"产生了明显的对应关系,因此,法院认为该文章构成了对原告姓名权的侵权。综上,法院最后判决:被告公司基于商业目的,在没有从原告或者其代理人处取得合法授权的情况下,擅自使用了原告的肖像和姓名,构成对于原告肖像权和姓名权的侵犯,应当承担相应的赔偿责任。

二、以案说法

肖像权、姓名权,都是民事主体的外在表征,彰显民事主体

---

① 详可参见(2021)川 0191 民初 10252 号。

的社会存在，是民事主体依法享有的具体人格权，任何组织或个人不得侵害。随着社会发展和科学技术的进步，肖像越来越容易被获取，肖像被他人以非法利用等手段进行侵害的情形越来越多，因此，《中华人民共和国民法典》（以下简称《民法典》）相较过去的相关规定而言，对肖像权的内容和保护规定得更为详尽，且删除了原有的一些限制性条件，从而大大加强了对于肖像权的保护。比如，《民法典》已经删除了原来对侵犯肖像权要求"以盈利为目的"的限制条件。另外，原来对于何为肖像没有明文规定，司法实务中也存在一定争议，而《民法典》以"外部形象""载体反映""可识别性"三要素对肖像进行了明确界定，尤以可识别性作为判断是否为肖像的最关键要素。

本案对于肖像权的争议焦点为：（1）案涉文章中的肖像剪影是否侵犯原告的肖像权？（2）被告的赔偿金额如何确定？针对第一个焦点，法院作出如下评析：

1. 案涉文章中的肖像剪影与原告本人照片高度相似，在被告没有提供证据证明该剪影系来源于其他民事主体的情况下，法院认为该剪影来源于原告本人照片具有高度可能性。即便被告对原告照片进行了加工处理，无法看到完整的面部特征，但剪影所展现的面部轮廓（包括发型）仍具有原告的个人特征，属于原告的外部形象。

2. 案涉文章的文字描述内容具有较强的可识别性，通过人物特征描述的"精准画像"，大大加强了该肖像剪影的可识别性。根据案涉文章的描述，该剪影所指向的人物具有多处明确具体的人物特征，且限定性较强。

3. 案涉文章的留言部分可印证剪影的可识别性并具有诱导性。在文章下方评论区，经过被告后台管理人员精选出的大量留言均评论该肖像剪影为易烊千玺，由此看出大量阅读该文章的人均能直接猜出该剪影人物即易烊千玺，更加印证了该肖像剪影的可识别性。另，即便一时无法看出剪影系易烊千玺的阅读者在浏览文章评论时，受评论影响，也会诱导其产生该剪影系易烊千玺的心理暗示。

4. "肖像剪影＋人物特征描述＋精选留言"模式具有明显的可识别性。本案中，如果是单纯的原告肖像剪影，那么仅有极少数对于原告本人面部轮廓或者涉及照片原图非常熟悉的人才能够识别出该剪影对应原告本人，此时的可识别性对于社会公众而言并不强。然而在"肖像剪影＋人物特征描述"情况下，会有更多对原告情况有所了解的人能够识别出该剪影对应原告本人。在"肖像剪影＋人物特征描述＋精选留言"情况下，能够识别出该剪影对应原告本人的群体则更大，此时该肖像剪影的可识别性已经很强，明显达到肖像所需要的可识别性要求。

针对第二个争议焦点，由于易烊千玺属于知名艺人，其肖像权具有较高的商业价值，但考虑到被告公司的相关侵权文章存续时间较短，在原告向被告发出律师函后，被告赔礼道歉、消除影响的处理态度较为积极，综合本案中行为人和受害人的职业、影响范围、过错程度以及行为的目的、方式、后果等因素，判决赔偿金额为 10 万元。

三、专家建议

最高人民法院在公布本典型案例时就表示，本案系《民法典》实施后的新类型侵犯肖像权案件，被告试图利用规则的模糊地带非法获取知名艺人的肖像利益，引发了社会关注。本案适用了《民法典》"人格权编"的最新规定进行审理，体现了对公民肖像权进行实质、完整保护的立法精神。对于普通人来说，肖像权是法律赋予我们每个人的一项权利，当发现这一权利受到侵犯时，理应用法律去捍卫。同时也应当守住合理使用他人肖像的边界，在社会中形成尊重他人肖像的知法守法氛围。

四、关联法条

《中华人民共和国民法典》第九百八十九条、第一千零一十四条、第一千零一十八条第二款以及第一千零一十九条第一款。

名誉权纠纷

英雄烈士不容侮辱

英雄烈士的事迹和精神是中华民族共同的历史记忆和宝贵的精神财富。对英烈事迹的亵渎，不仅侵害了英烈本人的名誉权，给英烈亲属造成精神痛苦，也伤害了社会公众的民族和历史感情，损害了社会公共利益。

一、案例简介

（一）基本案情

被告瞿某通过其淘宝网店"昆仑画坊"（以下简称案涉网店）发布配有文字内容"为了妹子，哥愿意往火坑里跳！"的贴画，贴画图像部分经查系公开宣传的英雄烈士黄继光舍身堵枪眼的场景。上述文字内容明显带有否定黄继光为国献身的历史地位和伟大精神，有损黄继光的名誉，且库存显示数量巨大。该贴画在网上被社会公众所广泛阅见，被众多不特定人所知悉。杭州市西湖区居民王某从该店购买了上述贴画，导致传播进一步扩散，造成的恶劣社会影响进一步扩大，严重侵害了黄继光的名誉，对此案涉网店经营者瞿某应依法承担相应民事责任。

（二）法院裁决

法院认为，英雄烈士是国家的精神坐标，是民族的不朽脊梁。任何人都不得歪曲、丑化、亵渎、否定英雄烈士的事迹和精神。被告瞿某作为中华人民共和国公民，依法应当崇尚、铭记、学习、捍卫英雄烈士，不得侮辱、诽谤英雄烈士的名誉。但其通过网络平台销售对英雄烈士形象进行亵渎的贴画，该行为已对英雄烈士名誉造成贬损，且主观上属明知，构成对黄继光名誉权的侵害。同时，被告瞿某多年从事网店销售活动，更应知道图片一经发布即可能被不特定人群查看，商品一经上线便可能扩散到全国各地，但其仍然在网络平台发布、销售贬损英雄烈士名誉的贴画，引起社会公众的愤慨，造成了恶劣的社会影响，损害了社会公共利益，依法应当承担相应的民事法律责任。法院判决：（1）被告瞿某立即停止侵害英雄烈士黄继光名誉权的行为，即销毁库存、不得再继续销售案涉贴画；（2）被告瞿某于本判决生效之日起10日内，在国家级媒体公开赔礼道歉、消除影响（公告刊登的媒体及内容需经本院审核）。逾期不履行，本院将在国家级媒体刊登判决书的主要内容，所需费用由被告瞿某承担。[①]

二、以案说法

英雄烈士的名誉神圣不可侵犯。对侵犯英雄烈士名誉的行为，英雄烈士的近亲属可以依法向人民法院提起诉讼。英雄烈士没有近亲属或者近亲属不提起诉讼的，检察机关依法对侵害英雄烈士名誉，损害社会公共利益的行为向人民法院提起诉讼。本案中，黄继光侄子向西湖区检察院出具声明，表示对侵犯黄继光名誉权

[①] 详可参见（2019）浙0192民初9762号民事判决书。

的行为不起诉，并说明黄继光已无近亲属在世。西湖区检察院依法发出公告，公告期满后没有近亲属提起诉讼，且本案系被告瞿某通过网络平台销售案涉贴画，属于互联网法院有权管辖的互联网公益诉讼案件，故西湖区检察院作为公益诉讼起诉人向法院提起本案诉讼，主体适格，程序合法。西湖区检察院要求被告瞿某停止侵权、并在国家级媒体公开赔礼道歉、消除影响，于法有据，法院予以支持。

三、专家建议

我国英雄烈士的人格利益受到法律保护，侵害英雄烈士等的姓名、肖像、名誉、荣誉，损害社会公共利益的，应当承担民事责任。保护英雄烈士的名誉、荣誉是我国社会主义核心价值观的必然要求，任何人都不得侮辱、诽谤英雄烈士的名誉、荣誉。公民应树立正确的法律观、道德观和荣誉观，规范自己的言行，对英雄烈士怀抱敬畏之心，勿行有关违法乱纪之行为。

四、关联法条

《中华人民共和国民法典》第一百七十九条、第一百八十五条。

微信群转发不当言论的侵权责任

随着网络信息技术的迅猛发展，网络社交平台也具有了公共空间的属性。但部分网络公众法律意识淡薄，误将微信群、朋友圈等平台视为个人自由空间，往往为了一时泄愤，随意发表或转发不当的个人言论，在"个人自由空间"内导致他人的不自由，由此使网络名誉权侵权事件频频发生。

一、案例简介

（一）基本案情

薛某与马某、陶某共同居住在北京市某小区。马某、陶某为夫妻关系。薛某、陶某均在"××家园左邻右舍"微信群中。2020年8月20日，案外人李某在"××家园左邻右舍"微信群中发送照片一张，涉及贬损词语与不实描述，载明"××那个姓×的东西""听说你还干过什么'业委会'"等内容。陶某在该微信群转发了此条微信内容，并发送"正能量的人""大家把手机横着看"等微信内容。

薛某向一审法院起诉请求：（1）判令陶某、马某立即停止侵犯自己名誉权的行为；（2）判令陶某在"××家园左邻右舍群""×区×号楼业主群一群""×区×、×号楼党小组群"这三个群里道歉，并且在小区的公告栏张贴书面道歉公告；要求马某在×区×号楼门厅的宣传栏张贴书面道歉公告；（3）判令陶某、马某赔偿精神损害抚慰金 20000 元;(4)诉讼费用由陶某、马某承担。被告陶某不同意原告薛某的诉讼请求,请求法院予以驳回。[①]

(二)法院裁决

1. 一审判决

一审法院认为,根据查明事实及证据可知,陶某确实在"××家园左邻右舍"微信群中转发了涉案文章,足以造成薛某社会评价的降低,侵犯了薛某的名誉权,陶某应当承担相应的侵权责任。一审法院判决陶某于判决生效之日起 7 日内在"××家园左邻右舍"微信群内向薛某赔礼道歉,陶某于判决生效之日起 7 日内赔偿薛某精神损害抚慰金 1000 元,驳回薛某其他诉讼请求。

2. 二审判决

二审法院认为,陶某转发涉案文章的行为足以造成薛某社会评价的降低,侵犯了薛某的名誉权,陶某应当承担相应的侵权责任。一审判决认定事实清楚,适用法律正确,应予维持。

二、以案说法

本案的争议焦点主要在于,陶某的转发行为是否构成名誉权侵权。

《中华人民共和国民法典》(以下简称《民法典》)第一千零二十四条规定:"民事主体享有名誉权。任何组织或者个人不得以侮辱、诽谤等方式侵害他人的名誉权。名誉是对民事主体的品德、声望、才能、信用等的社会评价。"公民的人格尊严受法律保护,禁止用侮辱、诽谤的方式损害公民的名誉,网络空间亦不是法外之地。名誉权侵权的构成要件包括:一是行为人客观上实施侮辱、

---

① 详可参见(2021)京 02 民终 3372 号民事判决书。

诽谤等行为；二是该行为需要受害人外的人知悉；三是该行为导致受害人社会评价降低，二者具有因果关系；四是行为人具有过错。对于陶某转发行为是否构成侵权问题，除了应当考察是否符合《民法典》规定的名誉权侵权的全部构成要件，还应当考虑信息网络传播的特点并结合侵权主体、传播范围、损害程度等具体因素进行综合判断。根据查明事实及证据可知，陶某在"××家园左邻右舍"微信群中转发了涉案文章，陶某作为完全民事行为能力人，对于涉案文章中针对薛某使用了存在贬义的词语应有明确的判断和认知。"××家园左邻右舍"微信群由数十位小区业主组成，属于不特定关系人组成的微信群，具有公共空间属性，且薛某、陶某均在该微信群中，陶某对于微信群内的人员身份、可能引发的关注度及影响范围应有清楚的认知，陶某通过微信群故意向特定人群转发涉案文章并作出评价，存在明显的主观过错。综上，陶某转发涉案文章的行为足以造成薛某社会评价的降低，侵犯了薛某的名誉权，陶某应当承担相应的侵权责任。

三、专家建议

言论自由是我国公民的基本权利，网络社交进一步拓宽了人们自由表达的言论空间。但网络不是法外空间，言论自由权的行使必须符合法律规定。无论在现实中还是在网络上，随意捏造事实、侮辱、诽谤他人将侵害他人名誉权，个人在类似微信平台这样的网络空间转发相关言论同样要受到法律约束。对于受害人而言，对于网络平台侵权内容发布人的身份确认可以从以下几个方面注意留存证据：网络平台账号头像或相册照片的辨认；微信朋友圈发出的内容，聊天记录中透露的身份信息；通过其他证人作证来证明该网络平台账号主体身份；网络平台账号是否使用了实名认证的手机号等。

四、关联法条

《中华人民共和国民法典》第一百一十条、第九百九十条、第一千零二十四条、第一千一百六十五条。

隐私权、个人信息保护权纠纷

智能家居新生活，尊重隐私不越界

随着时代的发展，个人隐私越来越成为民众关注的热门话题。科技发展带来的智能家居，既提升了人们的生活品质和体验，也带来种种隐患和问题。

一、案例简介

（一）基本案情

黄某和邵某是同一小区前后楼栋的邻居。2020年初，黄某发现，邵某在其入户大门上安装了一款可视门铃，位置朝向20米远处黄某在内的多家业主的卧室和阳台。黄某了解后认为，两家都在2楼，邵某使用该门铃能观察其室内陈设及人员作息，还可通过手机App操控，长时间录视频，实时远程监控，侵犯其隐私。邵某认为，安装门铃是为了生活便利和安全防护，该设备采用人脸识别技术自动监测大门周边，感应距离仅为3米，拍摄到的黄某家中影像并不清晰，无法辨认内容。其从未有窥探黄某的想法，不同意将可视门铃拆除或移位。2020年8月，黄某将邵某诉至法院。

（二）法院裁决

法院经审理后认为：被告虽是在自有空间内安装可视门铃，但该设备拍摄的领域超出自有空间，摄入了原告的住宅。而住宅具有私密性，是个人生活安宁的起点和基础，对于维护人格尊严和自由至关重要。虽然从可视门铃拍摄的片段看，原告住宅内的影像不够清晰，但该设备能通过人脸识别、后台操控双重模式启动拍摄，还可长期录制视频并存储，以此积累大量的影像数据。并且，从现场环境分析，双方长期近距离相处、相对熟悉，为辨认影像提供了可能，以此获取原告住宅内的私密信息和行为现实可行，原告的生活安宁也将受到侵扰，邻里关系也确实受到了影响。即便被告没有窥探的故意，其安装行为本身也将导致原告失去对隐私的控制，侵害原告的隐私权。所在小区已为业主配备了一定的安保设施，从现场情况来看，如对选择的设备或安装位置加以调整，也有能兼顾原告隐私保护的改良方案，被告的安装并非必要。

综上，被告要求原告对安装行为予以容忍，于法无据，法院不予支持。因原告无充分证据证明因被告的行为造成精神及物质损害，故法院判决被告拆除可视门铃，而对原告赔礼道歉及赔偿损失的请求未予支持。

二、以案说法

法院审理后认为，邵某安装门铃虽具有相应的合理性，但应尽到妥善的注意义务，并选择合适的设备、合理的安装方式和位置以减少对他人的影响。黄某室内的部分场景被门铃摄录，影像虽不清晰，但仍可以辨认识别。综合考量门铃性能及安装位置，该门铃对黄某的个人隐私包括生活安宁都构成了现实威胁，邻里关系也确实受到了影响。至于邵某主张的安装门铃是维护安全之必需，法院认为，该小区已经为保障业主安全采取了一定的措施，而通过现场勘查的情况，亦有能兼顾黄某隐私保护的改良方案，邵某在入户门上安装门铃并非必要。据此，法院判决拆除门铃。

三、专家建议

大数据时代的个人隐私保护成为民众关注的重点，本案就是这样一个缩影。智能家居安防产品的诞生，提升了个人安全感及生活便利度，但产品运行中伴有大量的数据采集，稍有不慎就会触及邻里的隐私并引发争议，甚至影响整个社区的和睦。"与邻为善、以邻为伴"的邻里精神是我国优秀传统文化的重要组成部分。此类产品的运用要建立在尊重邻里隐私、弘扬友善团结、增进信任与理解、构建邻里和谐的基础上。本案的裁判秉承这一精神，强调在不同权利发生碰撞时，隐私权作为一项独立人格权的优先保护地位，划分了个人行使权利的边界，规范了智能家居安防产品的使用，彰显《中华人民共和国民法典》的人民立场和人文关怀，对传承"和而不同、以和为贵"的邻里相处之道、弘扬社会主义核心价值观具有积极作用。

四、关联法条

《中华人民共和国民法典》第二百八十八条、第一百一十条第一款、第一千零三十二条、第一千零三十三条。

向骚扰电话勇敢说"不"

数字时代，我们享受着互联网带来的便利同时，也时不时遭受着由此带来的困扰。无处不在的刷脸支付、通行，造成用户画像信息被强制收集，用户时刻担心自己的脸部画像被 AI 换脸；在网页链接轻轻一点随即造成手机号泄露，一不小心便成为推销电话攻击对象，不堪其扰……信息技术日新月异，个人信息权益保护也面临着新风险、新挑战。

一、案例简介

（一）基本案情

吕先生（原告）于 2021 年 10 月某日使用北京某信息技术有限公司（被告）某汽车信息软件时，软件跳出某品牌汽车报价弹窗，其中用灰色小字体标识"经销商将致电您提供报价，请注意接听"，吕先生点击接受后才发现该页面是询问吕先生是否同意将其手机号码等个人信息向页面中列举选择的 3 家该品牌汽车经销商进行共享和传输。此后一周内，吕先生陆续收到了 3 个品牌的 9 家当地汽车 4S 店的多条报价电话。吕先生认为该公司未经同意将其手机号提供给其他公司，侵害了其个人权益，导致其频繁遭受电话侵扰，遂诉至法院。

（二）法院裁决

法院审理认为，被告在缺乏原告有效授权同意的情况下，将原告手机号提供给两个汽车品牌经销商，未遵循《中华人民共和国个人信息保护法》（以下简称《个人信息保护法》）关于向他人提供个人信息应征得明确同意、单独同意的规定，构成侵权。一审裁判作出后，当事人均未上诉，判决已发生法律效力。

二、以案说法

该侵权行为的取证发生于《个人信息保护法》生效实施后，故优先适用《个人信息保护法》第十四条第一款有关知情同意的规定，以及第二十三条有关向他人提供个人信息取得单独同意的规定。本案中，原告主张其仅浏览过一款原告所述的三个汽车品牌车型，未浏览过另外两个汽车品牌的两款车型，亦未授权被告向这两款车型的经销商提供手机号进行询价。被告提交了用户询价服务系统公证以证明原告曾操作过相应的询价功能，但该数据显示的操作时间存在异常，IP地址、备注姓名均与原告真实情况不一致，难以确认该询价行为系吕先生作出及出于原告真实意愿，被告未对数据异常的合理性予以合理说明，故法院对该份证据不予采信。

三、专家建议

对于我们公民个人而言，在个人信息保护诉讼当中常因技术壁垒而稍感无力。但此案的意义就在于，个案裁判明确，信息处理者对其是否尽到相应的告知同意义务，负有举证责任。司法机关希望借此告诉我们：当面对个人信息受到侵犯的情况，不要因为举证方面的技术背景、信息不对称等问题而放弃维权的可能，举证壁垒问题可以通过法律技术得到解决，积极维权的意识则应由我们牢记于心。

四、关联法条

《中华人民共和国民法典》第一千零三十四条、第一千零三十五条、第一千零三十六条、第一千零三十七条、第一千零三十八条;《中华人民共和国个人信息保护法》第十四条、第二十三条。

一般人格权纠纷

平等就业权需受到尊重

企业在招聘时，为实现自身利益、达到用工要求，会设置不同的招聘要求，此行为在市场经济要素自由流动配置的今天，本无可厚非。但一些企业在招用人员时基于地域、性别等与工作职位内在要求无必然联系的因素，对劳动者构成了就业歧视之嫌，值得我们关注。

一、案例简介

（一）基本案情

2019年7月，Z公司通过智联招聘平台向社会发布了一批公司人员招聘信息，其中包含有"法务专员""董事长助理"两个岗位。2019年7月3日，闫某通过智联招聘手机App软件针对Z公司发布的前述两个岗位分别投递了求职简历。闫某投递的求职简历中，包含有姓名、性别、出生年月、户口所在地、现居住城市等个人基本信息，其中户口所在地填写为"某省某市"，现居住城市填写为"浙江杭州西湖区"。据杭州市杭州互联网公证处出具的公证书记载，公证人员使用闫某的账户、密码登录智联招聘App客户端，显示闫某投递的前述"董事长助理"岗位在2019年7月

4 日 14 点 28 分被查看，28 分时给出岗位不合适的结论，"不合适原因：某省人"；"法务专员"岗位在同日 14 点 28 分被查看，29 分时给出岗位不合适的结论，"不合适原因：某省人"。闫某因案涉公证事宜，支出公证费用 1000 元。闫某向杭州互联网法院提起诉讼，请求判令 Z 公司赔礼道歉、支付精神抚慰金以及承担诉讼相关费用。

（二）法院裁决

杭州互联网法院于 2019 年 11 月 26 日作出（2019）浙 0192 民初 6405 号民事判决：（1）被告 Z 公司于本判决生效之日起 10 日内赔偿原告闫某精神抚慰金及合理维权费用损失共计 10000 元。（2）被告 Z 公司于本判决生效之日起 10 日内，向原告闫某进行口头道歉并在《法制日报》公开登报赔礼道歉（道歉声明的内容须经本院审核）；逾期不履行，本院将在国家级媒体刊登判决书主要内容，所需费用由被告 Z 公司承担。（3）驳回原告闫某其他诉讼请求。宣判后，闫某、Z 公司均提起上诉。杭州市中级人民法院于 2020 年 5 月 15 日作出（2020）浙 01 民终 736 号民事判决：驳回上诉，维持原判。①

二、以案说法

平等就业权是劳动者依法享有的一项基本权利，既具有社会权利的属性，亦具有民法上的私权属性，劳动者享有平等就业权是其人格独立和意志自由的表现，侵害平等就业权在民法领域侵害的是一般人格权的核心内容——人格尊严，人格尊严重要的方面就是要求平等对待。就业歧视往往会使人产生一种严重的受侮

---

① 详可参见（2020）浙 01 民终 736 号民事判决书。

辱感，可能对人的精神健康甚至身体健康造成损害。据此，劳动者可以在其平等就业权受到侵害时向人民法院提起民事诉讼，寻求民事侵权救济。

闫某向Z公司两次投递求职简历，均被Z公司以"某省人"不合适为由予以拒绝，显然在针对闫某的案涉招聘过程中，Z公司使用了主体来源的地域空间这一标准对人群进行归类，并根据这一归类标准而给予闫某低于正常情况下应当给予其他人的待遇，即拒绝录用，可以认定Z公司因"河南人"这一地域事由要素对闫某进行了差别对待。

《中华人民共和国就业促进法》第三条在明确规定民族、种族、性别、宗教信仰四种法定禁止区分事由时使用"等"字结尾，表明该条款是一个不完全列举的开放性条款，即法律除认为前述四种事由构成不合理差别对待的禁止性事由外，还存在与前述事由性质一致的其他不合理事由，亦为法律所禁止。何种事由属于前述条款中"等"的范畴，一个重要的判断标准是，用人单位是根据劳动者的专业、学历、工作经验、工作技能以及职业资格等与"工作内在要求"密切相关的"自获因素"进行选择，还是基于劳动者的性别、户籍、身份、地域、年龄、外貌、民族、种族、宗教等与"工作内在要求"没有必然联系的"先赋因素"进行选择，后者构成为法律禁止的不合理就业歧视。劳动者的"先赋因素"，是指人们出生伊始所具有的人力难以选择和控制的因素，法律作为一种社会评价和调节机制，不应该基于人力难以选择和控制的因素给劳动者设置不平等条件；反之，应消除这些因素给劳动者带来的现实上的不平等，将与"工作内在要求"没有任何关联性的"先赋因素"作为就业区别对待的标准，根本违背了公平正义的一般原则，不具有正当性。

本案中，Z 公司以地域事由要素对闫某的求职申请进行区别对待，而地域事由属于闫某乃至任何人都无法自主选择、控制的与生俱来的"先赋因素"，在 Z 公司无法提供客观有效的证据证明，地域要素与闫某申请的工作岗位之间存在必然的内在关联或存在其他的合法目的的情况下，Z 公司的区分标准不具有合理性，构成法定禁止事由。故 Z 公司在案涉招聘活动中提出与职业没有必然联系的地域事由对闫某进行区别对待，构成对闫某的就业歧视，损害了闫某平等地获得就业机会和就业待遇的权益，主观上具有过错，构成对闫某平等就业权的侵害，依法应承担公开赔礼道歉并赔偿精神抚慰金及合理维权费用的民事责任。

三、专家建议

用人单位在招用人员时，基于地域、性别等与"工作内在要求"无必然联系的因素，对劳动者进行无正当理由的差别对待的，构成就业歧视，劳动者以平等就业权受到侵害，请求用人单位承担相应法律责任的，人民法院应予支持。任何用人单位在招聘、用工时，作为相对强势的一方主体，都不得对劳动者进行与工作内在必然要求无关的差别对待。无论是用工者还是劳动者，都要树立牢固的平等就业观念，用人单位需守法，劳动者可维权。

四、关联法条

《中华人民共和国就业促进法（2015 修正）》第三条、第二十六条。

二、物权保护纠纷

家里成了"水帘洞"，损失谁来承担

日常生活中，房屋漏水现象时有发生。引发漏水的原因多种多样，如施工不当、下水堵塞、电器故障等，不同的原因背后有着各种责任主体，需依法进行责任议定。

一、案例简介

（一）基本案情

原告张某系 ×× 区 48 号楼 5 号房屋的登记所有权人，被告薛某系该区 48 号楼 15 号楼屋（该房屋位于 48 号楼 5 号房屋的上层）所有权人，被告谭某系该区 48 号楼 15 号房屋的承租人。2022 年 6 月 12 日，被告谭某因忘记关闭厨房的水龙头，致使原告房屋漏水被淹。因漏水导致原告室内部分墙皮脱落、发霉，床板及大衣柜发霉，皮箱发霉，地板受损，部分衣物及床上用品受潮发霉。

被告谭某陈述其与薛某签订过房屋租赁协议，但未就租赁期间致使其他人财产受损时，何人承担责任进行约定。被告认为，因漏水给原告造成的损失数额应为 1000 余元。双方就赔偿未能达成一致，原告诉至法院，要求被告赔偿原告各种损失。①

---

① 详可参见（2023）辽 0404 民初 5 号民事判决书。

（二）法院裁决

法院认为本案中，因楼上跑水致使原告室内相关物品受损，相关责任主体理应根据过错程度承担相应的赔偿责任。鉴于楼上跑水原因系承租人被告谭某忘记关闭厨房水龙头所致，且谭某陈述其与出租人薛某签订的租赁合同中未就租赁期间因承租人过错致使他人财产受损时的赔偿主体进行约定，故结合案件事实及被告薛某对此次漏水事故不存在过错等因素，法院认为，被告谭某应承担相应的赔偿责任。

结合原告提交的受损房屋内拍摄的视频及照片所显示的因漏水受损的物品的种类、受损的程度、物品的新旧程度、原告陈述的相关物品的购买时间，同时参考上述财产损失发生时的市场价格等因素，法院将原告因此次漏水产生的财产损失的数额酌定为2000元。最终判决被告谭某赔偿原告张某因此次漏水事故所产生的各项财产损失费用合计2000元。

二、以案说法

本案的争议焦点主要有两个：一是承担赔偿责任的主体；二是赔偿的数额如何确定。结合这两项争议焦点，作出相应的分析及对策如下：

（一）赔偿责任主体的认定

楼上漏水导致楼下财产损失的案件，适用过错责任归责原则。行为人因过错侵害他人民事权益造成损害的，应当承担侵权责任。侵害物权，造成权利人损害的，权利人可以依法请求损害赔偿，也可以依法请求承担其他民事责任。

本案中，责任主体较为明确，系楼上租户忘记关闭厨房水龙头直接导致原告屋内漏水，造成损失，因而楼上租户应承担相应的赔偿责任。

实践中，建筑质量问题、业主装修破坏或使用不当、物业维保不到位、供热或供水问题等都有可能导致房屋漏水，因此，建设单位、物业服务企业或者其他管理人以及相关业主等对损害后果的产生存在过错的，应承担相应民事责任。

（二）赔偿的数额确定

根据法律相关规定，侵害他人财产的，财产损失按照损失发生时的市场价格或者其他合理方式计算。

楼下业主应第一时间固定相关证据，例如收集现场照片、录音录像、证人证言、维修单位或物业公司证明、维修费用发票等能够证明漏水对自己产生影响或造成损失的相关证据。尽快查找漏水部位及原因，确定侵权责任主体，统计财产损失情况，与相关业主、物业公司、开发商等进行协商，尽量互谅互让、友好协商解决，协商处理不成的，应尽早向法院起诉。对于财产损失价值、漏水原因难以确定的，可以请有资质的机构进行专业的评估、鉴定或者向法院申请评估、鉴定。

三、专家建议

业主在日常生活中遇到漏水事件时一定要理性对待，做好现场保护和证据固定，例如拍照、录像录音，调查清楚造成漏水的主要原因，根据原因找到真正的侵权人，就能运用好法律的武器维护自身的合法权益。

四、关联法条

《中华人民共和国民法典》第一千一百六十五条、第一千一百八十四条。

房屋漏水导致的财产损害如何赔

房屋漏水是民事纠纷的常见类型，由此导致的责任主体和财产损失界定更是困扰百姓生活的难题。当遇到房屋漏水时，如何从法律角度出发确定责任主体和经济损失是关键。

一、案例简介

（一）基本案情

董某系北京市海淀区房屋（以下简称 X 号房屋）业主，齐某系楼上 X1 号房屋业主。X1 房屋在 2021 年 10 月 7 日下午 2 点左右洗衣机上水管发生漏水情况，导致楼下 X 号房屋储物柜被水浸泡。

董某就其主张的经济损失提交照片、视频及明细清单一张，其中，清单显示受损物品及相关费用支出包括：飞天茅台 53 度（2016 年）2 瓶、牛栏山经典二锅头 60 度（2012 年）1 瓶、钓鱼台铁观音（礼盒装）1 盒、西湖龙井（礼盒装）1 盒、京瓷刀具（日本原产）1 套、铁观音尊贵茶礼 1 盒、泸州老酒坊（2009 年）1 瓶、红花郎 53 度 2 瓶、长城干红葡萄酒 1 盒、飞科负离子电吹风机 1 个、80 年代老四特酒 1 瓶、血压计听诊器 1 个、贝贝熊暖贴 1 盒，旅行包、随身包等泡水杀菌消毒清洗费用 1000 元、储物柜杀菌消毒修复费用 2000 元。董某另主张部分财物具有精神意义。经法院现场勘验，上述董某所列物品可见受损程度主要为外包装水渍、褶皱、霉变及破损；经当场测试，吹风机接通电源后可正常运转。

董某向一审法院提出诉讼请求：（1）齐某赔偿其经济损失29248元，详见附件清单；（2）齐某承担本案诉讼费。齐某辩称，结合勘验情况，对于给董某造成的合理损失同意赔偿6000元。[①]

（二）法院裁决

法院经审理认为，本案中，根据现有证据可以认定，X1号房屋在2021年10月7日洗衣机上水管发生漏水情况，导致楼下董某的X号房屋储物柜及柜中存放物品被水浸泡。故齐某作为X1号房屋业主，应对董某的合理损失进行赔偿。关于损失赔偿的金额，综合本案的具体情况、现场勘验结果以及相关证据的合理性，本院酌情判定齐某应当赔偿董某财产损失折合金额为8000元。

二、以案说法

本案的争议焦点主要在于，齐某赔偿数额究竟如何确定。

《中华人民共和国民法典》（以下简称《民法典》）第一千一百六十五条规定："行为人因过错侵害他人民事权益造成损害的，应当承担侵权责任。"《民法典》第二百九十六条规定："不动产权利人因用水、排水、通行、铺设管线等利用相邻不动产的，应当尽量避免对相邻的不动产权利人造成损害。"根据《民法典》中对建筑物的专有部分所有权的规定可知，业主对于其享有所有权的房屋，应当进行管理，此种管理既是法定权利，也是法定义务。本案中，齐某对其享有所有权的X1号房负有法定管理义务，应保证不侵害相邻各方的合法权利。根据现有证据可以认定，X1号房屋在2021年10月7日洗衣机上水管发生漏水情况，导致楼下董

---

① 详可参见（2021）京0108民初67662号民事判决书。

某的 X 号房屋储物柜及柜中存放物品被水浸泡，构成侵权。故齐某作为 X1 号房屋业主，应对董某的合理损失进行赔偿。

就赔偿数额问题而言，根据《民法典》第一千一百八十四条规定："侵害他人财产的，财产损失按照损失发生时的市场价格或者其他合理方式计算。"首先，对于董某损失清单中所列物品，从董某所提交照片、视频及现场勘验的情况可知，相关物品可见受损程度主要为外包装水渍、褶皱、霉变及破损。现无证据证明外包装内所装物品可食用部分在本次事件后已经发生了性质的根本改变或价值的绝对减损，故董某所述目前已无任何使用价值和收藏价值一节，缺乏事实依据。其次，对于清单中的部分物品，在经过适当处理之后明显是可以正常使用的，例如电吹风机和旅行包等。再次，董某虽主张受损物品中有一些是老人生前留下的，具有精神意义。但应当说，在相关物品仅仅只是外包装受损的情况下，客观而言很难评估该种损坏程度对物品本身价值的减损。至于精神意义，更是难以从法律上用金钱价值予以衡量。故综合本案的具体情况、现场勘验结果以及相关证据的合理性，酌情判定齐某应当赔偿董某财产损失折合金额为 8000 元。

三、专家建议

发现漏水后，首先应当保护现场，并进行证据固定。例如拍照、录像录音等证据收集。再进行协商，可先找小区物业或社区，联系邻居协商。若协商不成，请有评估资质的企业，如价格认证中心等，到现场进行评估。确系邻居责任问题，等待有关手续完备后，再向法院起诉。如果邻居不理会法院的判决，受损方可以先自己请施工队进行修补，所花费的费用依据有关法律法规，再通过法院要求楼上邻居进行赔偿。若系开发商责任，若协商不成，当开发商不予理会时，受损业主可以到当地质监部门进行投诉，或将开发商起诉至法院。

四、关联法条

《中华人民共和国民法典》第二百九十六条、第一千一百六十五条、第一千一百八十四条。

爱宠送宠物店洗澡时死亡，怎么赔

宠物是人类的朋友，越来越多的人将宠物当作家庭成员，乃至感情的寄托。当宠物在宠物店寄养或美容期间死亡时，饲养人可以获得何种赔偿？

一、案例简介

（一）基本案情

海州区某宠物用品店是经营宠物用品零售，同时提供宠物清洗、造型服务的个体工商户，经营者为刘某。2021年10月以来，贺某在海州区某宠物用品店处办理了储值卡，经常委托海州区某宠物用品店为其饲养的白色巨型贵宾犬拉菲洗澡、剪毛。2023年3月2日上午9时许，刘某到贺某处接走拉菲，双方约定洗澡、剪毛后，刘某将其送回贺某处。2023年3月2日19时08分许，海州区某宠物用品店员工在为拉菲修剪毛发时，拉菲蹿下桌子并伴有抽搐，海州区某宠物用品店将拉菲送至隔壁的宠物医院并通知贺某。贺某到达宠物医院时拉菲已经死亡。后双方就经济损失、精神抚慰金等各项赔偿未能达成一致，贺某提起诉讼①。

（二）法院裁决

一审法院认为，海州区某宠物用品店作为经营宠物用品、

---

① 详可参见（2023）辽09民终970号民事判决书。

提供宠物服务的店铺，在提供服务过程中应尽到提供舒适场所、妥善照顾宠物的义务，在服务结束后应将宠物犬拉菲送回贺某处。现宠物犬拉菲在贺某委托被告管理期间死亡，海州区某宠物用品店作为提供服务的一方和临时管理者，应承担相应的赔偿责任。

本案中，宠物犬拉菲陪伴贺某共同生活多年，贺某为其投入了大量时间、精力，已经培养出了深厚感情，因此不同于其他财产，与贺某存在更强的依附性，其死亡对贺某的生活和情绪造成了时间较长、程度较大的负面影响，应当承担相应的精神损失。

二审法院就被告的过错方面进行了补充论述，最终驳回上诉，维持原判。

二、以案说法

此类案件中，对于宠物损失的认定，一般不会有较大争议。通常以饲养员购买宠物时的价格为准；如无法找到依据证明购买宠物时的价格，也可依双方都认可的价格为准，如仍有争议，则应以市场一般价格计算。此类案件近年来的突出特点在于，越来越多的精神损害赔偿被提出与支持。因而此处将对是否可以因宠物遭他人损害，进而主张精神损害赔偿进行进一步的分析与说明。

目前，我国法律对动物饲养人的精神损害赔偿并无明确的规定，一般情况下宠物并不能作为具有人格象征意义的特定物品，它仅是饲养人感情中较为重视的有生命的财产，无论情感有多深厚，不能间接鼓励部分宠物饲养人对宠物的感情存在超越亲人的现象。因此，一般情况下，饲养人在所饲养动物受到侵害主张的精神损害赔偿金不能得到支持。

宠物能否上升为具有精神属性或者具有人身意义的特定物，从而构成精神损害赔偿的基础？原本在考虑宠物对饲养人的生命、名誉等方面具有重要意义时，会支持精神损害赔偿。比如，孤寡老人相依为命的宠物、盲人的导盲犬、因救人等正面报道成为公认的名犬等。

但越来越多的实践案例会从宠物经饲养多年，双方存在深厚感情，具有不可替代性，因此，如因宠物馆的重大过失致其死亡，会给饲养员造成精神损害，进而结合饲养时长、家庭结构等证据综合判断。

而针对"故意"或"重大过失"，因为本案中宠物犬拉菲在被告处长达十个小时的管理期间内死亡，应由被告举证证明其已经尽到妥善的看管义务及救助义务，否则应由其承担赔偿责任。被告未尽到妥善的管理义务造成宠物犬死亡，其存在重大过错，故应承担精神损害赔偿责任。

三、专家建议

随着宠物消费市场的不断扩大，各种市场乱象层出不穷。宠物主在为爱宠选择服务机构时应当尽可能选择证照齐全、信誉良好的正规商家；尽量注意对爱宠的陪伴和保护，避免不必要的损失。在出现损害的时候及时保存证据，保留相关票据、商家的聊天记录等，以便更好保护自身权益。宠物店经营者也应当坚持诚信原则，严格遵守动物防疫法等相关法律规定，为宠物提供服务时做好必要的安全防护和预备，避免给宠物造成损害为自己带来不必要的损失。

四、关联法条

《中华人民共和国民法典》第五百七十七条、第八百九十二条、第一千一百六十五条、第一千一百八十三条、第一千一百八十四条。

三、特殊侵权责任纠纷

监护人责任纠纷

智力残疾人如何平等行使诉权

《中华人民共和国民法典》设立了监护制度，旨在对无民事行为能力人、限制民事行为能力人的合法权益进行保障。近年来，被监护人的财产受监护人侵害的情况屡见不鲜，新的监护人应尽到监护责任，运用法律手段维护被监护人的合法权益。

一、案例简介

（一）基本案情

李某滨系三级智力残疾人，日常生活由弟弟李某峰照料。2017年1月24日，李某峰以李某滨监护人身份与案外人季某签订房屋买卖协议，将登记在李某滨名下并实际为其所有的一套房屋以130万元价款出售给季某。签约后，售房款130万元转入李某峰银行账户内，房屋所有权变更登记至季某名下。2017年8月23日，李某峰又将该售房款转入其个人名下另一银行账户内。2018年12月17日，李某峰因肝脏疾病住院治疗。2018年12月24日，李某峰与妻子杨某敏协议离婚，约定夫妻双方共同共有的天津市河西区的房产、所有存款及其他夫妻共同财产全部归杨某敏所有。2019年1月至6月，李某峰陆续将上述130万元售房款转出，用于支付其肝脏移植手术费用。2019年7月，李某峰病逝。2019年10月，李某峰之女李某将李某峰银行账户内204519.33元返还给李某滨、李某峰姐姐李某光，剩余售房款未返还。

2020年1月13日，天津市河西区人民法院（以下简称河西区法院）作出一审民事判决，认定李某滨为限制民事行为能力人，指定李某光为李某滨的监护人。后李某光向李某峰前妻杨某敏、女儿李某追索未返还的售房款未果。2020年1月21日，李某滨向河西区法院提起民事诉讼，请求判令杨某敏、李某赔偿损失。因售房由原监护人李某峰实施，李某滨不了解售房价款、售房款去向等具体情节，无法提出具体的诉讼请求，河西区法院未予受理。2020年1月21日，李某滨以其系智力残疾人，无法收集法院受理案件所需证据为由，向天津市河西区人民检察院（以下简称河西区检察院）申请支持起诉，该院审查后予以受理。

（二）法院裁决

河西区法院认定，李某峰将李某滨名下房产出售并将售房款130万元私自挪用，其行为构成侵权，造成被监护人李某滨财产损失1095480.67元，应当承担侵权赔偿责任。杨某敏与李某峰原为夫妻关系，于2018年12月24日协议离婚，约定将夫妻共同财产中的天津市河西区的房产和其他夫妻共同财产全部归杨某敏所有，住院治疗费使用出售李某滨房产所得房款支付，属于恶意串通侵害他人财产。杨某敏是侵权行为的受益人，应在受益的财产范围内承担民事责任。据此，该院作出一审判决，判令杨某敏以天津市河西区房产市场价值1/2份额为限承担赔偿李某滨1095480.67元的责任。判决生效后，李某滨已于2020年12月17日收到判决确定给付的全部款项。

二、以案说法

（一）依法履行支持起诉职能，保障残疾人等特殊群体平等行使诉权

《中华人民共和国民事诉讼法》第十五条规定："机关、社会团体、企业事业单位对损害国家、集体或者个人民事权益的行为，可以支持受损害的单位或者个人向人民法院起诉。"支持起诉的要义是支持受损害的单位或者个人起诉，特别是支持特殊群体能够通过行使诉权获得救济，保障双方当事人诉权实质平等。适用条件上，检察机关支持起诉原则上以有关行政机关、社会团体等部门履职后仍未实现最低维权目标为前提条件。在支持起诉程序中，检察机关应当秉持客观公正立场，遵循自愿原则、处分原则、诉权平等原则等民事诉讼基本原则，避免造成诉权失衡；可以综合运用提供法律咨询、协助收集证据、提出支持起诉意见、协调提供法律援助等方式为残疾人等特殊群体起诉维权提供帮助。支持起诉并非代替当事人行使诉权，检察机关不能独立启动诉讼程序。除有涉及国家利益、社会公共利益等重大影响的案件外，检察机关一般不出席法庭；出庭时可以宣读支持起诉意见书，但不参与举证、质证等其他庭审活动；当事人撤回起诉的，支持起诉程序自行终结，检察机关无须撤回支持起诉意见。

（二）被监护人的财产权受到监护人侵害，人民法院以诉讼请求不具体为由未予受理的，检察机关可以依申请支持其起诉

监护人应当履行法定职责，保护被监护人的人身权和财产权不受侵害。监护人擅自出售被监护人名下房产用于个人医疗、购房等个人支出，侵害被监护人财产权益的，被监护人有权请求监护人赔偿损失。客观上，智力残疾人等被监护人诉讼能力偏弱，

在其权利受到侵害时，难以凭个人之力通过民事诉讼程序获得救济。检察机关对于履职过程中发现的残疾人合法权益受到侵害的线索，应当先行督促残疾人联合会、残疾人居住地的居民委员会、村民委员会等社会团体、自治组织为残疾人维权提供法律帮助。残疾人径行向人民法院起诉的，应当告知其有权申请法律援助。认知能力低下的残疾人因财产权受到侵害提起损害赔偿诉讼，人民法院未告知其有权申请法律援助，以其诉讼请求不具体为由未予受理的，在尊重其真实意愿的前提下，检察机关可以依申请支持起诉，帮助其获得法律救济。

（三）协调提供法律援助等方式，为智力残疾人起诉维权提供帮助

依照民事诉讼法相关规定，原告起诉必须符合法定条件。智力残疾人作为限制行为能力人虽然可以实施与其智力、精神状况相适应的民事法律行为，但难以独立、充分地围绕法定起诉条件收集证据，提出诉讼请求。在支持起诉程序中，检察机关可以通过提供法律咨询，加强释法说理，引导智力残疾人自行收集证据；智力残疾人无法自行收集的，检察机关可以依法协助其收集确定当事人具体诉讼请求、证明原被告与案件争议事实存在关联并符合起诉条件的相应证据。检察机关可以与司法行政部门协调，为智力残疾人提供法律援助，由法律援助人员作为智力残疾人的委托代理人参加诉讼。

三、专家建议

因监护人侵害智力残疾的被监护人财产权，智力残疾人诉请赔偿损失存在障碍而请求支持起诉的，检察机关可以围绕法定起诉条件协助其收集证据，为其起诉维权提供帮助。在支持起诉程序中，检察机关应当依法履行支持起诉职能，保障当事人平等行使诉权。

四、关联法条

《中华人民共和国民事诉讼法（2021修正）》第一百二十二条、第十五条;《中华人民共和国残疾人保障法（2018修正）》第六十条;《中华人民共和国残疾人保障法（2018修正）》第九条。

儿童骑行更需落实监护人责任

随着人民生活水平的日益提高，各种新型童车在孩童间越来越流行。不过，由于儿童的安全意识差且难以接受专业培训、监护人的看护责任缺失、童车功能不完善等原因，小小的童车也会带来安全隐患，儿童骑童车发生侵害类案件也因此频频发生，童车成为道路交通安全的"隐形杀手"。童车上路，对监护人提出了更严格的要求，家长要增强法律责任意识。

一、案例简介

（一）基本案情

马某、董某系夫妻关系，马某1为二人婚生之女。2020年5月24日，在北京市朝阳区东湖街道上京A小区内，马某1骑儿童自行车将纪某撞倒，致纪某受伤。受伤后，纪某被送至中日友好医院救治。经鉴定：（1）纪某的伤残等级为人体损伤伤残程度十级伤残，人体致残率为10%；（2）纪某的误工期90—180日，护理期30—60日，营养期60—90日；（3）纪某的后续治疗费需人民币1万—2万元（不包括手术意外及并发症的诊疗费用）；（4）纪某左桡骨远端骨折、左第五掌骨基底骨折等与本次碰撞摔倒事件存在直接因果关系，外伤参与度为主要作用（外伤参与度百分比建议为70%—80%）。

纪某向法院起诉：要求马某、董某赔偿医疗费50937.4元、误工费 36918 元、护理费 9000 元、住院伙食补助费 900 元、营养费 4500 元、交通费 686 元、伤残赔偿金 96003.7 元、精神损害抚慰金 10000 元、律师费 10000 元、鉴定费 5270 元。被告马某、董某不同意原告纪某诉讼请求，请求法院驳回。①

（二）法院裁决

1. 一审判决

一审法院认为，本案中，纪某的个人体质状况是一种客观情况，与其主观心理状态无关。同时，本次碰撞事故的发生不可归责于纪某，其对事故的发生及损害后果的造成均无主观过错，其个人体质状况仅是与事故造成后果存在客观上的介入因素，并无法律上的因果关系。一审法院判决马某、董某于判决生效之日起 7 日内向纪某赔偿医疗费 38975.76 元、住院伙食补助费 800 元、营养费 3000 元、护理费 5250 元、交通费 200 元、残疾赔偿金 90772.4 元、精神损害抚慰金 5000 元、鉴定费 5270 元，驳回纪某的其他诉讼请求。

2. 二审判决

二审法院认为，本次侵权事件的事实是马某 1 骑儿童自行车时将纪某撞倒致其受伤，但没有证据显示纪某在这一过程中存在过错。关于鉴定意见中涉及的"建议外伤参与度为 70%—80%"一节，其中"70%—80%"是指这次导致纪某腕部骨折的外力参与度占比，并非是对过错参与度的评定，故马某、董某上诉要求以此作为责任分担的意见，缺乏依据，马某、董某的上诉请求不能成立，应予驳回。

① 详可参见（2022）京 03 民终 3187 号民事判决书。

二、以案说法

本案争议焦点在于：（1）纪某自身是否存在"过错"；（2）是否应当依照鉴定意见中"外伤参与度"的百分比自行承担 30% 的责任。

《中华人民共和国民法典》（以下简称《民法典》）第一千一百六十五条规定："行为人因过错侵害他人民事权益造成损害的，应当承担侵权责任。"一般侵权的构成要件包括危害行为、损害事实、因果关系、主观过错。本案中，纪某在小区内被马某、董某之女马某 1 撞倒受伤，事实清楚，符合上述要件，故马某 1 构成侵权。因事发时马某 1 为限制民事行为能力人，依据《民法典》第一千一百八十条规定："无民事行为能力人、限制民事行为能力人造成他人损害的，由监护人承担侵权责任。"故马某、董某作为其监护人应当承担侵权责任。

关于纪某自身是否存在"过错"并应当依照鉴定意见中"外伤参与度"的百分比自行承担 30% 的责任的问题。根据《民法典》第一千一百七十三条规定："被侵权人对同一损害的发生或者扩大有过错的，可以减轻侵权人的责任。"本次侵权事件的事实是马某 1 骑儿童自行车时将纪某撞倒致其受伤，但没有证据显示纪某在这一过程中存在过错。退一步讲，即使纪某当时面对马某 1 且未采取躲避措施，也不构成法律规定的被侵权人存在过错。虽然纪某的个人体质状况对损害后果的发生具有一定的影响，但此并非侵权责任法中规定的"过错"，纪某不应因个人体质状况对本次碰撞事故导致的伤残存在一定影响而自负相应责任。详言之，侵权责任法中的"过错"是指行为人的一种主观心理状态，分为故意和过失两种情形。本案中，纪某的个人体质状况是一种客观情况，与其主观心理状态无关。同时，本次碰撞事故的发生不可归责于纪某，其对事故的发生及损害后果的造成均无主观过错，其个人体质状况仅是与事故造成后果存在客观上的介入因素，并无法律上的因果关系。鉴定意见中涉及的"建议外伤参与度为70%—80%"一节，其中"70%—80%"是指这次导致纪某腕部骨折的外力参与度占比，并非是对过错参与度的评定。综上所述，本案不存在减轻马某1侵权责任的情形。

三、专家建议

未成年人对危险的辨认和控制能力相对较弱，特别是参与道路交通时骑行自行车上道行驶，面临复杂多变的交通情况，如果操作不当、速度过快或者未按规则骑行，容易引发交通事故。作为监护人的家长，要履行好监护职责，在日常生活中要加强对孩子的安全教育，既要保护儿童免受外来侵害，又要引导规制防止儿童使用童车侵害他人。同时儿童自身要提高安全防范意识，文明骑行，礼让行人，谨防发生交通事故。

四、关联法条

《中华人民共和国民法典》第一百一十条、第一千零三条、第一千零四条、第一千一百六十五条、第一千一百七十三条、第一千一百七十九条、第一千一百八十三条、第一千一百八十八条。

孩子打闹背后的监护人责任如何划分

虽然爱玩是孩子的天性，但是孩子的玩耍打闹如果不加控制，加之又处于身心不成熟的阶段，很容易演变成暴力伤害行为，导致受伤事件发生，乃至不可逆的伤残。校园安全既要靠学校教育管理，也要靠家长们的家庭教育引导，多方合力为孩子打造安全健康校园。

一、案例简介

（一）基本案情

原告王某1与被告张某1同为被告天津市武清区某村五中在校学生。2019年11月15日下午放学，在学校内排队时，张某1用木制班级牌砸伤原告王某1，造成王某1右眼外侧受伤并被送往各医院治疗。经鉴定：王某1伤后建议其护理期为7日，护理人数为1人，营养期为7日。原告王某1支出鉴定费1960元。

王某1向一审法院提出诉讼请求：（1）请求法院依法判令4被告偿还原告医疗费3988.54元、护理费1168.16元、营养费350元、交通费2000元、补课费2000元，以上合计9506.7元；（2）原告保留后续治疗并追偿的权利；（3）诉讼费175元及鉴定费1960元由4被告承担。被告张某1、杨某、张某2、天津市武清区某村第五中学不同意原告诉讼请求，请求法院予以驳回。[①]

（二）法院裁决

1. 一审判决

一审法院认为，原告王某1的伤情系被告张某1砸伤所致，被告张某1应当承担侵权责任，原告王某1在放学排队时亦有过错，应承担相应的过错责任；被告张某1系限制行为能力人，其侵权责任后果应由其法定监护人（张某2和杨某）承担；被告某村五中未提供证据证明其已经尽到教育、管理职责，故应承担相应责任。根据过错程度，被告张某2和被告杨某在本案中以承担60%责任为宜，被告某村五中在本案中以承担30%责任为宜，原告王某1在本案中以承担10%责任为宜。判决被告张某2和被告杨某赔偿原告王某13483.42元，被告天津市武清区某村第五中学赔偿原告王某11741.71元，原告王某1有后续治疗并追偿的权利，驳回原告王某1的其他诉讼请求。

2. 二审判决

二审法院认为，王某1的伤情系张某1砸伤所致，张某1应当承担侵权责任，王某1在放学排队时亦有过错，应承担相应的过错责任；张某1系限制行为能力人，其侵权责任后果应由其法定代理人（张某2和杨某）承担；某村五中未提供证据证明其已经尽到教育、管理职责，故应承担相应责任。根据事件发生过程及各方当事人在此过程的过错程度，一审法院酌定张某2和杨某承担60%，某村五中承担30%，王某1承担10%并无不妥。

---

① 详可参见（2021）津01民终6651号民事判决书。

二、以案说法

本案争议焦点为王某1、张某1以及学校的责任比例问题。

《中华人民共和国民法典》（以下简称《民法典》）第一千一百六十五条规定："行为人因过错侵害他人民事权益造成损害的，应当承担侵权责任。"一般侵权的构成要件包括违法行为、损害事实、因果关系和主观过错四个要件。本案中，张某1作为限制民事行为能力人，对用木制班级牌砸人这一危险举动的危害后果应当有充分的认知，该行为导致王某1受伤，两者具有因果关系，故张某1的行为符合一般侵权的构成要件。同时，根据《民法典》第一千一百八十八条规定："无民事行为能力人、限制民事行为能力人造成他人损害的，由监护人承担侵权责任。"因张某1系未成年人，故其责任由监护人张某2和杨某承担。

另一方面，根据《民法典》第一千一百七十三条规定："被侵权人对同一损害的发生或者扩大有过错的，可以减轻侵权人的责任。"本案中，王某1作为限制民事行为能力人，同样应当对排队的行为准则、规范要求有认知，其对损害结果的发生也具有一定过错，应当承担一定责任。结合本案证据和实际情况，考虑双方对损害发生的过错程度，张某1应当承担60%责任；从学校角度来看，学校一方虽然能够证明对学生进行过日常安全教育，但经调查发现，事发时教师并未严格履行管理职责。根据《民法典》第一千二百条规定："限制民事行为能力人在学校或者其他教育机构学习、生活期间受到人身损害，学校或者其他教育机构未尽到教育、管理职责的，应当承担侵权责任。"因此学校应承担教育、管理不到位的责任，承担30%的损害赔偿责任。

三、专家建议

学生安全无小事，青少年学生由于正处于青春期，老师和家长更要加强对学生心理和情绪等问题的照顾疏导。同时学生安全和责任意识相较于成年人较弱，在校期间受到人身损害的事件时有发生，父母作为监护人，依法负有监护职责，是孩子人身安全的第一责任人。因此，不仅学校要加强安全教育，积极履行安全保障义务，家庭教育对孩子来说也至关重要。家长应在日常生活中加强教育管束，强化安全教育和自我防护教育，引导孩子提高安全意识，严格遵纪守法、不伤害他人，与校方共同努力为孩子们营造良好的学习和成长环境。

四、关联法条

《中华人民共和国民法典》第一百一十条、第一千零三条、第一千零四条、第一千一百六十五条、第一千一百七十三条、第一千一百七十九条、第一千一百八十八条、第一千二百条。

投喂食物致宠物死亡，监护人责任如何划分

有些小区的业主为了灭除害虫老鼠，可能投放相应的药物，这些药物往往具有一定香味。家长要积极履行监护责任，保障孩子安全。若家长没有及时注意到孩子的投喂动作，可能导致孩子将"毒药"投喂小动物，给小动物造成危险甚至导致死亡；一旦误食，将给孩子带来严重伤害。

一、案例简介

（一）基本案情

陈某开的麻辣烫店及复印社位于北安市某小区 32 号楼 00020 号商服。2020 年 8 月 23 日，陈某将泰迪犬拴在其所开的麻辣烫店及复印社门口，饲养的泰迪犬于 2018 年 3 月 20 日购买，购买价格为 1000 元。店铺门外水泥和地板的空隙处有陈某投放的鼠药。刘某于 2020 年 8 月 23 日上午 9 点 05 分带领女儿赵某到陈某的店铺复印证件，在此期间，赵某到店铺门外水泥和地板的空隙处多次捡起鼠药给狗投喂，导致狗中毒，经抢救无效死亡。

陈某向法院提出诉讼请求：（1）请求法院依法判决刘某偿还买泰迪狗 1000 元；防疫育苗共计 8 针，每针 60 元，共计 480 元；狗粮每月 40 元，养狗共计 29 个月，狗粮费用共计 1160 元；狗用品 200 元；本次中毒抢救费用 260 元。以上费用总计 3100 元整。

在庭审中陈某增加诉讼请求要求赔偿精神损失费 1000 元。被告刘某不同意原告陈某诉讼请求，请求法院予以驳回。[①]

（二）法院裁决

1. 一审判决

一审法院认为，刘某女儿赵某向陈某饲养的宠物狗投喂鼠药，刘某女儿赵某的行为与宠物狗中毒死亡之间存在因果关系。赵某是无民事行为能力人，刘某作为赵某的母亲，应对其女儿造成陈某宠物狗死亡的行为承担赔偿责任。陈某在其店铺门口投放鼠药，其在鼠药的投放处未设置明显的警示标示，其对宠物狗的死亡也存在过错。法院综合全案认定双方承担的责任为各承担 50%。判决刘某于本判决生效之日起 10 日内赔偿陈某损失合计金额 630元，驳回陈某的其他诉讼请求

2. 二审判决

二审法院认为，宠物犬的死亡事实与陈某、赵某的行为均有因果关系，二者主观上均有过错，应当承担责任，刘某作为赵某监护人应当承担替代责任。一审法院根据案件事实综合认定本案责任及赔偿数额，并无不当，应予支持。

二、以案说法

《中华人民共和国民法典》（以下简称《民法典》）第一千一百六十五条规定："行为人因过错侵害他人民事权益造成损害的，应当承担侵权责任。"就一般侵权而言，需要符合危害行为、损害结果、因果关系和主观过错要件。本案系因陈某为灭鼠投放药物而引发的饲养宠物误食死亡事件。陈某私自投放鼠药属于危害行

[①] 详可参见（2021）黑 11 民终 177 号民事判决书。

为，其虽认为其投放在经营场所的鼠药安放于隐蔽部位，但在公共区域放置有毒药品未设置明显警示标志，增加动物或其他不能辨别行为人误食的可能性，具有过错，最终导致宠物犬死亡，故本案发生的宠物死亡的事件，作为药品投放者陈某应承担责任。本案刘某女儿赵某向陈某饲养的宠物狗逗要投喂鼠药，有监控视频予以证实，其作为未成年人并不知晓药物的性质及危害，但其投药行为是导致陈某饲养的宠物死亡的原因，虽然未成年人对投药的性质并不知晓，但无民事行为能力人的监护人在学习生活中应履行好教育、指导的功能，不应在逗要宠物过程中随意喂食，刘某女儿赵某将安全性不明的食物投喂给陈某的宠物狗，该行为本身存在不当，根据《民法典》第一千一百八十条规定："无民事行为能力人、限制民事行为能力人造成他人损害的，由监护人承担侵权责任。"故刘某作为未成年人监护人亦应在本起事件中承担责任。

三、专家建议

私人在公共场所投放毒药属于违法行为，不仅有可能危害到宠物或其他动物，还有可能对儿童造成人身危害，甚至涉嫌投放危险物质罪。普通百姓尽量避免在公共场所投放老鼠药等危险物质。作为监护人，父母必须树立起严密保护儿童安全生活空间的意识，让孩子从小学习一些基本的安全知识，教育引导孩子不要在公共场所触碰未知物品和投喂动物。

四、关联法条

《中华人民共和国民法典》第一千一百六十五条、第一千一百七十三条、第一千一百八十八条。

用人单位责任纠纷

骑手在送单途中死亡，谁来赔

当前，网络用工大量存在"平台公司＋第三方公司＋骑手"的模式。该种模式下，平台公司与第三方公司签订合同，由第三方公司派员到平台公司从事相关互联网服务工作。而成为骑手通常只需要在平台注册成功即可，并没有其他行业劳动者与企业之间正规的劳动、劳务合同等。各方为了规避责任、降低成本，缺乏对骑手注册的相关审查，对骑手的日常工作亦怠于管理，骑手工作的随意性、灵活性在发生事故时反而成了各方推卸责任的借口。那么骑手在送单途中死亡，应该找谁赔偿？

一、案例简介

（一）基本案情

某优鲜公司将其通过优鲜配送 App 平台整合的仓储、物流配送等服务外包给某才公司，原告之子刘某 2 在优鲜配送 App 平台注册成为配送员并实际在某才公司所承包的仓储站点从事配送业务，并在 2019 年 11 月 14 日通过优鲜配送 App 平台与某才公司签订有电子版《业务承揽合同》。2019 年 12 月 27 日 17 时 45 分左右，刘某 2 在本市徐汇区××路××号××学院呼叫 120 救护车急救，18 时许救护车到场，院前急救病历记载患者 15 分钟前驾驶电瓶车时突发胸骨后疼痛，呈持续性发作并有胸闷不适及冷汗，偶有四肢乏力，无呼吸困难、头晕及意识变化，初步印象胸痛原因待查。后刘某 2 被送至上海市第六人民医院诊治，当日 21 时 29 分经急诊救治无效死亡，直接死亡原因为主动脉夹层破裂。

原告施某与刘某 1 主张，死者刘某 2 系某才公司工作人员，接受某才公司的直接指派完成配送工作，并由某才公司发放薪酬，双方系雇佣关系。事发时为冬季，事发当天死者完成 31 单配送任务，工作比较繁重，故其在工作过程中突发意外死亡，与其从事的劳务行为有直接的因果关系，为此某才公司应当承担赔偿责任并据此提起诉讼[①]。

（二）法院裁决

法院认为，刘某 2 实际是为某才公司提供劳务的受雇人员，现经生效判决认定刘某 2 与某才公司之间不存在劳动关系，故双方应属于雇佣法律关系。雇员在从事雇佣活动中遭受人身损害的，雇主应承担赔偿责任，但侵权责任的构成亦应考虑损害发生的原因即因果关系。本案中刘某 2 是在从事配送过程中因自身疾病发病送医后死亡，且所患疾病与自身体质关联、死亡率亦高，虽然事发为冬季，但无证据证明此超出了外卖配送员正常的工作特性状态，故不能认定刘某 2 的发病死亡与其从事的某才公司配送业务有直接关联。

据此，结合两原告因刘某 2 的死亡而造成的损失情况，经综合考量本院酌定某才公司赔偿原告方 16 万元。

---

① 详可参见（2022）沪 0104 民初 1094 号民事判决书。

二、以案说法

平台用工关系混乱，在事故发生时各方往往都通过各种方式互相推诿，而最终在认定责任主体时，需要穿透各方关系的外在表象，结合雇佣关系的内在属性对实际用工单位进行认定，并确认其雇主责任。

（一）法律关系的认定

一般认为劳务关系是劳动者与用工者根据口头或书面约定，由劳动者向用工者提供一次性或者是特定的劳动服务，用工者依约向劳动者支付劳动报酬的一种有偿服务的法律关系；承揽合同是承揽人按照定做人的要求完成工作，交付工作成果，定做人支付报酬的合同。

虽然根据《业务承揽合同》表述双方之间是合作或承揽配送服务，但合同亦约定刘某2的服务地点及服务项目内容，某才公司负责刘某2个人所得税的缴纳、负责制定刘某2承揽项目工作的具体安排，刘某2在保证完成某才公司安排的工作任务情况下才可以自行安排休息休假时间等内容，结合优先配送 App 的运营模式及外卖配送的行业特点等，本院认为刘某2实际是为某才公司提供劳务的受雇人员，即属于雇佣的法律关系。

一般情况下，根据当事人的合意，应认定第三方公司与工作人员之间存在劳动或劳务关系。工作人员在执行工作任务中自身受到损害或造成第三人损害的，权利人主张第三方公司承担用人者责任的，应予支持。

（二）平台公司责任的承担

本案虽因原告方主张某优鲜公司作为刘某2配送工作的实际受益者及用工者，应承担共同赔偿责任，缺乏依据，不予支持。

但在其他案件中可以从平台公司的过错程度、控制程度以及获益程度等方面进行审查，即平台公司在选择第三方公司时是否有一定的过错、平台公司是否对第三方公司经营业务有较高的控制、平台公司的主要收入与第三方公司的经营业务是否密不可分，从而确立其承担相应的补充赔偿责任。

（三）雇主责任险的适用

虽然本案中并未涉及相关内容，但是规范市场下，越来越多的用人单位已常态化为骑手购买雇主责任险。购买雇主责任险的应综合交易习惯、市场实际情况等认定保险合同免责条款的效力。

三、专家建议

外卖骑手越来越成为现代城市生活的重要角色，更多的从业者也涌入该新兴行业。即使可能在算法的压迫下，骑手的派单压力越来越大，但是在工作过程中仍应该遵守交通规则和各种规定，保护自身安全。同时，应及时关注自身作为劳动者的合法权益，如"五险一金"等相关社会保障金的缴纳、合理保险的购买等，努力为自己筑造起生活的"防护网"。

四、关联法条

《中华人民共和国民法典》第一千一百七十九条、第一千一百九十一条；人力资源社会保障部、国家发展改革委、交通运输部、应急部、市场监管总局、国家医保局、最高人民法院、全国总工会《关于维护新就业形态劳动者劳动保障权益的指导意见》。

用工单位应保护劳动者的人身安全

从事一定社会活动的民事主体，如果其从事的活动具有损害他人的危险，则该民事主体负有合理限度内的安全保障义务。在生产经营者的工作场所内，经生产经营者默许临时从事劳动的自然人，即使没有与生产经营者形成正式的劳动法律关系，生产经营者对该自然人仍负有合理限度内的安全保障义务。

一、案例简介

（一）基本案情

罗某1之母吴某系A公司职工，从事产品包装工作。罗某1及其妹妹罗某2经常利用寒、暑假及休息日到A公司单位和吴某一起从事产品包装工作。因A公司实行产品包装按件计酬，罗某1及罗某2所完成的工作量均记录在吴某的工账单上。云娜台风于2004年8月11日影响台州市，同月12日下午4时许，云娜台风登陆台州市，罗某1及吴某、罗某2等人正在A公司单位工棚内从事包装工作，因受台风袭击，该工棚突然倒塌，造成罗某2死亡、罗某1及其母亲受伤。罗某1伤后到台州市第一人民医院住院治疗，被诊断为脑挫裂伤、右内外踝骨骨折、右小指末节坏死、全身多处挫伤等。罗某1住院期间，共发生医疗费近6万余元（该费用已由人民政府以特困医疗补助方式向罗某1补助5万余元）、输血费2300元、剃头费120元。2005年5月22日、23

日，台州市第一人民医院先后出具两份医疗诊断证明书，载明罗某1在住院期间需要1人陪护护理。2005年3月9日，台州市劳动鉴定委员会对罗某1的伤情作出台州市伤残职工劳动能力鉴定，结论为：罗某1的伤情为八级伤残。2005年7月25日，罗某1因拆除右踝骨钢板再次在台州市第一人民医院住院治疗，发生医疗费4000余元。2005年8月25日，台州市黄岩区人事劳动社会保障局致函罗某1，称由于罗某1与A公司之间的劳动关系不清，认定工伤依据不足，建议罗某1就赔偿事宜向法院起诉。

（二）法院裁决

台州市黄岩区人民法院认为A公司是从事生产经营性活动的法人，有义务在合理限度内为在其生产经营场所内的人员提供安全保障。根据本案事实，A公司对于罗某1及妹妹罗某2利用寒、暑假及休息日到A公司工厂和其母、A公司正式职工吴某一起从事产品包装工作这一事实是明知的，但由于罗某1等人的行为客观上增加了A公司的利益，故A公司对罗某1的行为采取了默许的态度，否则作为工作区域的实际控制人，A公司完全有权、也完全能够拒绝罗某1的行为。因此，A公司与罗某1之间虽然没有形成正式的劳动法律关系，但A公司对罗某1仍然负有合理限度内的安全保障义务。法院判决：（1）A公司于判决生效之日起10日内赔偿罗某1因事故造成的经济损失82996.01元、精神损害抚慰金15000元，以上共计97996.01元；（2）驳回罗某1其他诉讼请求。

二、以案说法

本案的争议焦点有两个：（1）罗某1与A公司之间是否形成劳动法律关系？（2）如果其之间不存在劳动法律关系，A公司是否应当就罗某 1 受伤一事承担民事责任?

（一）关于是否形成劳动法律关系

本案中，罗某 1 的母亲吴某系 A 公司的职工，该公司实行产品包装按件计酬制。罗某 1 及其妹妹罗某 2 利用寒、暑假及休息日到 A 公司处和母亲吴某一起从事产品包装工作，她们所完成的工作量均记录在吴某的工账单上，A 公司按照工账单上记载的工作量发给吴某报酬。由以上事实可以看出，原告、A 公司双方没有订立正式的劳动合同。罗某 1 及罗某 2 是在其母吴某的指示下进行劳动的，其劳动成果的价值，是通过将其完成的工作量计入其母吴某的工账单，算作吴某完成的工作量，最终由 A 公司给吴某发放报酬而实现的。综上，原、被告双方没有订立正式的劳动合同，同时，双方权利义务的内容也不符合劳动法律关系的特征，故罗某 1 与 A 公司之间并未形成劳动法律关系。

（二）关于 A 公司是否应当就罗某 1 受伤一事承担民事责任

根据本案事实，A 公司对于罗某 1 及妹妹罗某 2 利用寒、暑假及休息日到 A 公司工厂和其母吴某一起从事产品包装工作这一事实是明知的，但由于罗某 1 等人的行为客观上增加了 A 公司的利益，故 A 公司对罗某 1 的行为采取了默许的态度，否则作为工作区域的实际控制人，A 公司完全有权、也完全能够拒绝罗某 1 的行为。因此，A 公司与罗某 1 之间虽然没有形成正式的劳动法律关系，但 A 公司对罗某 1 仍然负有合理限度内的安全保障义务。A公司在台风来临之际，不但没有停止工作，疏散工作场所内的人员，反而为了单纯追求自己利益的最大化，不顾安全问题，仍然组织工人到工棚这一相对危险的工作场所进行劳动。无论是对吴某等正式职工，还是对罗某 1 等进入 A 公司工作场所的临时人员，A 公司都没有尽到其应尽的安全保障义务。因此，A 公司关于本案事故发生系因不可抗力的抗辩理由，没有事实根据和法律依据，不予支持。

三、专家建议

作为用人单位，应当对劳动者的人身安全尽到保障义务。对于可能存在的潜在危险进行排除，用工单位应在最大限度内保障劳动者的安全，遵守法律法规，遵守道德准则，不应违背企业良心，同时给劳动者和自己产生损害，造成"双输"的局面。

四、关联法条

《最高人民法院关于确定民事侵权精神损害赔偿责任若干问题的解释》第十一条、第八条第二款;《最高人民法院关于审理人身损害赔偿案件适用法律若干问题的解释》第六条。

执行工作任务中的失误导致他人受伤，应该怎么赔

工作是每个人安身立命和实现自我价值的重要方式。如用人单位工作人员在执行工作任务中的失误导致他人受伤，应该怎么赔？用人单位如何担责？

一、案例简介

（一）基本案情

2020年12月22日下午，原告夏某受单位B工程有限公司指派到瓦房店某部队的案涉工地，攀爬案涉提升门合页对强电桥架跨接线进行整改工作过程中，被告A公司的员工朱某对案涉提升门进行一键启动调试工作。门在开启时，正在施工的夏某用左手握住上翻门导轨，并从导轨位置随门升至门顶，因左手受伤从门顶摔落地面。

原告夏某右足跟骨粉碎性骨折，依据《人体损伤致残程度分级》标准，评定为十级伤残，余损伤不构成伤残等级。另，原、被告庭审均出示的事件调查报告载明：事故发生原因一是无法搭设脚手架，利用上翻门合页进行施工，而夏某未系挂安全绳；二是上翻门开启时朱某未进行现场查勘，违规操作。原告与被告多

次就赔偿问题协商未果，后原告诉至法院。[①]

（二）法院裁决

法院认为，原告作为完全民事行为能力人，攀高作业未系挂安全绳，对自身安全未尽到注意义务，对损害的发生存在过错，应自行承担 30% 的责任；被告员工朱某在一键启动提升门作业时未尽到现场勘查义务造成损害的发生存在主要过错，应承担 70% 的责任，因朱某系在执行工作任务中造成原告损害，按照法律规定应由用人单位即本案被告承担赔偿责任。除医疗费、住院伙食补助费、残疾补偿金外还承担误工费、营养费、精神损害抚慰金。

二、以案说法

本案的争议焦点共三个：一是案由应为生命权、身体权、健康权纠纷还是用人单位责任纠纷；二是应否追加 B 工程有限公司和中铁 × × 局集团建筑安装工程有限公司为本案共同被告；三是责任比例的承担。

（一）案由的确定

本案原告的受伤原因为被告的员工朱某在履行职务期间未尽到现场勘查义务所致，结合原告的诉讼请求与事实，本案案由应定为用人单位责任纠纷。

一般来说，判断工作人员的行为是不是执行工作任务，应依据下列条件来予以认定：（1）必须是用人单位的工作人员所为的行为。（2）必须是工作人员在执行任务的时间内所为的行为。（3）必须是工作人员在执行工作任务的地点所为的行为。

但是鉴于社会生活的复杂性，产生用人单位的替代责任所要

---

① 详可参见（2022）辽 0281 民初 4145 号。

求的"执行工作任务"可以拓展为，只要是同执行工作有关，不论在何处，也不论在何时，都属于"执行工作任务"。例如加班、委派出差期间等所发生的对第三人造成损害，均应认定为"因执行工作任务所致"，由用人单位承担侵权责任。

（二）共同被告的增加

本案被告无证据证明 B 工程有限公司和中铁 × × 局集团建筑安装工程有限公司有共同的意思表示且实施了侵权行为以及该行为与原告的受伤存在因果关系，应自行承担举证不能的法律后果，该辩称理由本院不予采信。

（三）责任比例的承担

原告作为完全民事行为能力人，攀高作业未系挂安全绳，对自身安全未尽到注意义务，对损害的发生存在过错，应自行承担30% 的责任；被告员工朱某在一键启动提升门作业时未尽到现场勘查义务造成损害的发生存在主要过错，应承担 70% 的责任，由用人单位即本案被告承担。

（四）是否可以向相关工作人员追偿

根据法律规定，用人单位承担侵权责任后，可以向有故意或者重大过失的工作人员追偿。值得注意的是，用人单位作为企业的管理者、劳动成果的主要享有者，应承担劳动者履职过程中可能产生的各种风险。对于因劳动者存在重大过失造成损失的赔偿问题，应结合劳动者的过错程度、用人单位的监管力度及劳动者实际获得的劳动报酬等情形进行综合认定。

三、专家建议

用人单位无过错替代责任是法律公平正义的体现，其目的在于由财产能力更为充足的用人单位直接承担责任更有利于保护相对人合法权益的实现，也能够促使用人单位严格、谨慎地约束工作人员，尽到监督责任，减少损害发生。因而用人单位应当对相关工作人员进行充分培训，并就可能出现的工作风险合理提示以尽可能减少事故的出现。

工作人员在执行职务过程中应当审慎守法，对工作任务中可能出现的风险予以充分重视，从而最大限度地保障自身人身与财产安全。

四、关联法条

《中华人民共和国民法典》第一千一百九十一条。

劳务派遣工作人员侵权责任纠纷

外卖员送餐撞伤人，责任由谁担

　　每天，辛苦穿梭于城市的一个个外卖员，他们为我们的生活提供了极大的便利，但当他们为我们填饱肚子而奔忙于大街小巷时，与之相关的安全事故责任问题不容小觑。在相关安全责任事故中，若外卖员作为事故责任方致第三人损害，谁来承担责任呢？

一、案例简介

（一）基本案情

　　李某系在某外卖平台（由某科技公司开发运营）注册的众包骑手，其与某外包公司签订了服务合作协议，约定李某根据该外卖平台内的订单信息自主完成接送单任务后，获得该外包公司提供的相应服务费用。同时，该外包公司以李某为被保险人在某保险公司投保了众包骑手意外险，其中附加个人责任保险（个人第三者责任）20万元。某日，李某在驾驶电动车为客户配送货物过程中，撞伤行人崔某，经交警部门认定，李某承担事故全部责任。崔某住院治疗期间，李某垫付医疗费30914.42元。后经鉴定，崔某因外伤致脊柱损伤为十级伤残。崔某将李某、外包公司、科技公司、保险公司诉至法院，要求被告赔偿医疗费、护理费、残疾赔偿金等损失共计 90425.81 元。[①]

（二）法院裁决

法院判决：李某与某外包公司之间存在着劳务关系，应由外包公司为李某在工作过程中给第三人造成损害之行为承担相应的侵权责任。由于某外包公司为李某投保了附加个人责任险，故从有利于当事人方便诉讼的角度出发，李某与保险公司的保险合同（个人责任保险）可以与本案一起处理，故保险公司应在保险金额 20 万元内承担赔偿责任。某科技公司与某外包公司系商务合作关系，与李某也不存在劳务关系，故崔某要求其承担责任没有依据，法院不予支持。最终，法院判决保险公司赔偿崔某医疗费等各项损失共计 44031.39 元，保险公司给付李某垫付款 30914.42 元。

二、以案说法

本案的争议焦点为赔偿责任的主体认定问题，为了便利当事人诉讼，一次性解决纠纷，本案将李某与保险公司之间的保险合同一并处理，从而使得赔偿责任主体更加明确，减少了当事人讼累。

本案涉及的外卖服务是一种新的市场交易业态，但百变不离其宗，解决这一具备时代特征的交易形态纠纷，其核心仍然离不开《中华人民共和国民法典》第一千一百九十一条规定的用工单位责任问题。

法院审理认为，李某系外卖平台注册的众包骑手，其与某外包公司签订服务合作协议，约定李某根据平台订单信息自主完成

---

① 详可参见（2020）鲁 0211 民初 17829 号。

接送单任务后，获得某外包公司提供的相应服务费用。服务期间，遵守外包公司有关服务内容、服务质量等方面的要求，并提供相应服务；相关费用由某外包公司结算，骑手不向合作公司或其关联公司主张任何费用；骑手通过平台发起的提现或任何费用申请的行为，均视为向某外包公司发起。从双方的约定可看出，李某按某外包公司的指示要求将货物送到客户手中，提供的主要是劳务，然后且亦只能向某外包公司领取报酬，说明李某与某外包公司之间存在着劳务关系，而某科技公司与某外包公司系商务合作关系，与李某也不存在劳务关系，因此李某所造成的侵权责任应由某外包公司承担。

三、专家建议

本案虽然最后判决由保险公司承担最终的各项费用，但其底层逻辑并非事故责任承担主体是保险公司。从法院的审理中可以看出：

第一，外包公司不属于劳务派遣单位，而属于传统的用人单位，外卖员的劳动关系存在于外卖员与外包公司之间，而非外卖平台。这提醒各位劳动者，应注重劳动合同的签署，及在工作前与用人单位明确各方责任归属。在工作过程中发生与工作有关各样纠纷时，劳动合同是确认劳动关系最重要的证据之一。

第二，外卖员是在执行工作任务，即送外卖的过程中造成他人损害的，依据法律规定，应由用人单位承担无过错责任。但劳动者还应注意，用人单位承担侵权责任后，是可以向有故意或重大过失的工作人员追偿的。

第三，本案的特殊性在于该外包公司为外卖员购买了个人第三者责任险，其流程本应由外包公司承担责任后，再向保险公司追偿，但法院为减轻诉累，将其合并审理，才形成了看似由保险公司承担该外卖员的侵权责任的判决结果。这也提醒各用工单位，在雇用工作人员时，应做好对员工的各项保障，既是保障员工权益，也是保障自身权益。

四、关联法条

《中华人民共和国民法典》第一千一百九十一条。

提供劳务者致害责任纠纷

员工致人损害，用人单位如何担责

在生活里，用人单位其实不仅仅包括企业，我们每个个体在生活中都有成为法律上"用人单位"的时候。例如，新家装修时，因施工师傅的过失造成地板漏水，致使楼下住户的家具无法使用，此时应由用人的房主承担责任。

一、案例简介

（一）基本案情

原告尹某，受聘于数源公司并被派往铁通公司从事车辆驾驶工作。被告铁通公司聘用颜某作为临时工进行光缆铺设工作。同时，被告数源公司为原告尹某向生命人寿保险公司处投保了团体保险。2013 年 6 月 6 日上午，原告送电缆及工作人员到廖家湾维修电缆，再与颜某到车站供电所放光纤。颜某将光纤抛过高压线时光纤被挂在半空中，颜某喊原告帮忙拿一下。在拿的过程中，颜某抖了一下光纤，光纤直接砸到原告右眼角，当时尹某眼睛红肿、视力模糊。一个多月后，原告视力下降严重直至失明。2015 年 8 月 8 日，原告申请，经法院委托，湖南金泰诚司法鉴定中心对原告尹某右眼孔源性视网膜脱离与右眼外伤的因果关系进行鉴定，并出具鉴定意见："被鉴定尹某右眼孔源性视网膜脱离与右眼外伤存在因果关系。"原告将数源公司、铁通公司、生命人寿诉至法院，要求其承担各项损失共计 141038 元。

（二）法院裁决

被告铁通公司在本判决生效之日起 10 日内赔偿原告尹某医疗费、住院伙食补助费、护理费、残疾赔偿金、精神抚慰金、交通费、鉴定费共计人民币 91651.46 元。

二、以案说法

本案的争议焦点为赔偿主体是谁？如何赔偿？赔偿的比例是多少？保险公司是否担责？

关于如何赔偿的问题，本案中，颜某以 100 元／天的报酬标准为铁通公司抢修通信光缆。颜某陈述其在抢修过程中甩放光缆时，光缆不慎打到尹某的眼睛，而尹某陈述当时光缆线头上绑了一根复合线，复合线上绑了一块石头，颜某在甩放光缆时，线端的石头打到眼睛。颜某与尹某陈述的事实在细节上虽有出入，但仍可认定颜某是因执行工作任务造成尹某受伤，故应由颜某的用人单位即铁通公司承担侵权责任，本案案由应为提供劳务者致害（受害）责任纠纷。铁通公司主张尹某受雇于数源公司，本院对该事实予以认定，但该事实不能免除铁通公司依法应当承担的赔偿责任。铁通公司主张其不承担赔偿责任，与法相悖，本院不予支持。

如何赔偿？赔偿的比例是多少？本案中，尹某不具备抢修光缆的相关知识且欠缺经验，在帮助颜某抢修光缆时，未尽到自身安全注意义务，存在一定的过错。一审认定尹某自负 20% 的责任。而保险公司的责任，法院认为，数源公司与生命人寿间就保险合同的关系属另一法律关系，不宜在本案中一并审理。

三、专家建议

法律规定，用人单位工作人员因执行工作任务致人损害，构成侵权的，应由用人单位承担无过错的代替责任，而工作人员并非责任主体。尽管该工作人员对损害的发生具有故意或者重大过失，亦不对外承担责任。用人单位对外承担责任后，可以根据工作人员的过错程度向其追偿。

因此，对于用工单位来说，当出现员工因执行工作任务致使第三人损害时，要及时搜集相关的证据以便之后追偿。同时，在出现第三方损害时，要对受害人进行及时且全面的检查和治疗，避免损害的扩大。

对于员工来说，在面对因过失造成他人损害的情况下，也要及时进行相应的补救、救助措施，不可心存侥幸、逃避心理，避免造成更大的损失。

四、关联法条

《中华人民共和国民法典》第一千一百九十一条。

提供劳务者受害责任纠纷

员工自身受害，各方如何担责

目前，提供劳务者受害责任纠纷案件时有发生。其中，受害者往往是农民工，在劳务关系中通常为弱势的一方，在涉诉时，由于前期缺乏对于用工规范、安全规范的认识，他们常常处于不利的地位，最终造成人财两空。

一、案例简介

（一）基本案情

烟台某置业有限公司是某楼盘的开发商，被告建筑公司是某楼盘的总承包方，被告建筑公司将门窗安装项目发包给被告铝业公司，被告张某承包了被告铝业公司部分安装门窗项目。2019年8月31日上午，张某去劳务市场找了原告董某把门窗运到楼上去，原告董某跟随张某到了某楼盘15号楼楼下，张某和董某在一楼往二楼递门窗，被告杨某在二楼负责接门窗。张某和董某往上递时，杨某够不着。张某告诉董某在原地等着，他去找东西，希望能垫高一些。张某找了块砖头回来后发现董某不见了，后来发现董某从一楼电梯井口掉到负一楼地面上并受伤。后董某诉至法院。

（二）法院裁决

被告张某作为接受劳务者，应承担 50% 的赔偿责任，被告建筑公司应承担 10% 的赔偿责任，原告自己应承担 40% 的责任。被告铝业公司将安装门窗项目分包给张某属违法分包，应当在张某承担责任的范围内负连带责任。

二、以案说法

本案的争议焦点是施工过程中产生人员伤亡责任应由谁承担？各责任主体的承担责任的比例是多少？以下对各方主体做出分别分析。

原告董某：董某作为完全民事行为能力的成年人，应当知道建设施工现场存在安全隐患和危险，未尽到谨慎的注意义务，且在张某指示原告原地等待的情况下，擅自离开进入楼内，掉落电梯井受伤，原告对事故的发生自身具有过错，也应当承担相应责任。本案判决责任承担比例为 40%。

被告张某：张某作为接受劳务者，应当在劳务关系中作为劳务活动的组织者、指挥者、监督者和风险的防控者，对提供劳务者的活动负有安全注意和劳动保护的义务，对施工现场尽到安全管理的义务。本案中，张某未对施工现场的安全隐患对董某尽到提示和保护的义务，未对董某进行安全培训和教育，对事故的发生具有过错，应当承担相应责任。本案判决责任承担比例为 50%。

被告建筑公司：被告建筑公司作为某楼盘的总承包方，对存在的安全隐患疏于管理，本案中，电梯井口到负一楼有五六米高，光线也不好，被告建筑公司对电梯井口未封闭，也未设置警示标志，对事故的发生负有过错，应承担相应的赔偿责任。责任承担比例为 10%。

被告铝业公司：根据《建筑业企业资质管理规定和资质标准实施意见》的规定：对于原《建筑业企业资质等级标准》中被取消的金属门窗等专业承包资质，在相应专业工程发包过程中，不再做资质要求。施工总承包企业进行专业工程分包时，应将上述专业工程分包给具有一定技术实力和管理能力且取得企业法人营业执照的企业。被告铝业公司将安装门窗项目分包给张某属违法分包，应当在张某承担责任的范围内负连带责任。

三、专家建议

从本案中，我们发现，在提供劳务者人身损害责任纠纷中，承担责任的主体涉及多方，而比例则根据案情的真实情况由法院确定。但对于劳动者而言，应该明确，在工作过程中自己的人生遭受损害，自身极有可能成为责任的承担主体之一。这要求劳动者在工作过程中不可心存侥幸心理，对于已经被提醒的安全隐患，更应十分注意，做好自身的安全防范措施，不做铤而走险之事，否则得不偿失。在发生伤害事故时，为了保险起见，可以选择将自己的包工头、用工单位、建筑公司等一并起诉到法院，要求各被告共同承担赔偿责任。对于用工单位而言，应该对工作地域及时做好安全排查，做好日常安全管理，承担起雇主责任。

四、关联法条

《中华人民共和国民法典》第一千一百九十一条。

义务帮工产生的赔偿责任，该如何确定

邻里和谐、守望互助是构建和谐社会、发扬文明新风的重要途径。生活中遭遇困难麻烦，亲友间互相伸出援手，义务帮工，顺利解决问题，自然皆大欢喜。但若是在义务帮工过程中产生人身损害，由此造成的损害赔偿问题，也难免为亲友关系添上一层灰色障碍。现实生活中，帮工人在从事义务帮工过程中受伤的情况较为常见，但社会生活纷繁复杂，义务帮工活动本来就属于基于亲情友情等因素从事的临时劳务，如何厘清其中责任主体、赔偿范围就成为重要问题。

一、案例简介

（一）基本案情

2020年8月2日，陈某到刘某家帮工，陈某登在梯子上拆钢管，刘某弟弟扶梯子。在拆钢管时，钢管下滑，梯子滑倒，陈某摔伤被送至医院住院治疗。刘某事后表示，陈某并非其叫到家里帮工，但也没有明确拒绝其帮忙，其当时已经告知陈某不要登梯子，但陈某不听。在最后一次庭审中，刘某表示明确拒绝了陈某帮工。陈某则表示是刘某授意架起梯子。双方均认可陈某帮工时未采取防护措施。另查，陈某户口性质虽为农户，但一直居住在北京市昌平区北七家镇。

陈某向一审法院提出诉讼请求：（1）被告向原告支付交通

费 200 元、医药费 67392.58 元、伤残赔偿金 489108 元、误工费 105000 元、护理费 15750 元、营养费 15750 元、精神损害抚慰金 20000 元，鉴定费 4550 元，扣除被告已经垫付的 66537.58 元，最终要求被告赔偿 651213 元；（2）诉讼费由被告承担。被告刘某不同意原告陈某诉讼请求，请求法院予以驳回。[①]

（二）法院裁决

1. 一审判决

一审法院认为，本案中，陈某在为刘某帮工活动中受伤，刘某主张其明确拒绝帮工，但是没有提交证据予以证明，故法院认定陈某应当承担相应赔偿责任。在帮工过程中双方均未采取安全防护措施，陈某作为完全民事行为能力人，亦应有一定的注意义务，法院根据本案实际情况酌情确定陈某承担 20% 责任、刘某承担 80% 责任。判决刘某于本判决生效后 15 日内赔偿陈某交通费、医疗费、残疾赔偿金、误工费、护理费、营养费、鉴定费、精神损害赔偿金共计 436582.88 元，驳回陈某的其他诉讼请求。

2. 二审判决

二审法院认为，本案中，陈某在为刘某帮工活动中受伤，在帮工过程中双方均未采取安全防护措施，一审法院根据本案实际情况酌情确定陈某承担 20% 责任、刘某承担 80% 责任并无不当。关于残疾赔偿金的计算标准问题，依据陈某一审时提交的户口本、居住证、房租支付记录、特种作业许可证等证据，可以认定陈某收入并非来源于土地，一审法院据此采用城镇标准确定残疾赔偿金的数额并无不当。综上，刘某的上诉理由不能成立，对其上诉请求本院不予支持。一审判决认定事实清楚，适用法律正确，本

---

① 详可参见（2023）京 01 民终 4322 号民事判决书。

院予以维持。

二、以案说法

本案争议焦点为刘某是否对陈某承担赔偿责任。

《最高人民法院关于审理人身损害赔偿案件适用法律若干问题的解释》第五条规定:"无偿提供劳务的帮工人因帮工活动遭受人身损害的,根据帮工人和被帮工人各自的过错承担相应的责任;被帮工人明确拒绝帮工的,被帮工人不承担赔偿责任,但可以在受益范围内予以适当补偿。"所谓义务帮工,是指为了满足被帮工人生产或生活等方面的需要,帮工人在无法律义务或约定义务的情形下,不以追求报酬为目的,为被帮工人无偿提供劳动或服务的行为,其不要求任何形式的直接报酬或对价给付。帮工关系具有无偿、单务、临时性等特点。因此,义务帮工关系的建立,只要被帮工人对义务帮工人事实上的帮工行为不明确反对或拒绝,帮工关系即成立。本案中,刘某主张其曾拒绝陈某帮工,但其未就该主张提供充分证据予以证明,陈某亦不认可刘某曾拒绝其帮工。从事实来看,陈某到刘某家中,双方协作拆钢管的行为,已经建立义务帮工关系。对于陈某在此情形下所受损害,依据《最高人民法院关于审理人身损害赔偿案件适用法律若干问题的解释》第五条的规定,应当以双方各自过错承担责任。虽然事故发生地在刘某住所,梯子由刘某提供,协助保障安全者为刘某弟弟,但陈某作为完全民事行为能力人,也应负有一定的注意义务,故法院根据实际情况,酌定刘某承担80%责任并无不当。

关于残疾赔偿金的计算标准问题。依照《最高人民法院关于审理人身损害赔偿案件适用法律若干问题的解释》第十二条的规定:"残疾赔偿金根据受害人丧失劳动能力程度或者伤残等级,按照受诉法院所在地上一年度城镇居民人均可支配收入标准，自定残之日起按二十年计算。"本案中受诉法院所在地为北京市昌平区法院，且依据陈某一审时提交的户口本、居住证、房租支付记录、特种作业许可证等证据，可以认定陈某收入并非来源于土地，故应当以城镇标准计算残疾赔偿金。

三、专家建议

邻里互助是传统美德的重要组成部分，亦是社会主义核心价值观的具体体现，应当予以倡导并发扬，但是其中的安全问题也不容忽视。从法律角度，作为具有一定社会经验和生活常识的完全民事行为能力人，帮工人和被帮工人都应预见到实施帮工行为时具有的安全问题，对自身行为应尽到审慎注意义务。帮工人要在自身能力和安全范围内，合理帮工，保证自身安全；被帮工人要提供安全场所和工具，积极保障帮工人安全。

四、关联法条

《中华人民共和国民法典》第一百一十条、第一千零三条、第一千零四条、第一百八十三条、第一千一百七十三条;《最高人民法院关于审理人身损害赔偿案件适用法律若干问题的解释》第五条、第十二条。

网络侵权责任纠纷

网络消费者有"差评权"

消费者在网络平台上对商家的产品或服务进行客观评价，是消费者的正当权利，只有在消费者的评价存在诋毁、诽谤并损害商家名誉的情况下，才会构成对商家名誉权的侵害。消费者应当合理合法地用好自己的消费监督权，倒逼经营者不断改善服务，提升质量。

一、案例简介

（一）基本案情

A公司经营了一家室内壁球馆，并在上海B公司经营的网络点评平台注册上线。室内壁球馆开业不久，A公司发现在涉案点评平台上出现了4条言语辛辣的用户评论，评论指出该壁球馆存在教练水平不专业、场馆设施破旧、工作人员服务态度不佳等问题。评论中直接对壁球馆的教练是否具有教练资格以及壁球馆的服务水平和能力提出了质疑。A公司经营者认为评论内容与实际情况并不相符，该室内壁球馆教练全部都是有资质的，而且服务态度很好。A公司便通知经营管理该点评网站的上海B公司对涉案评论进行删除，并向其披露在点评网站给予"差评"的用户姓名、手机号、身份证号等注册信息。点评平台经营者上海 B 公司以涉案消费评价是消费者经过实际消费后作出的，该平台已经通过预设数据系统自动屏蔽敏感词语，但作为点评平台无权删除用户差评，并基于网络服务提供者个人信息保护的责任，更无法提供用户个人信息，拒绝 A 公司上述要求，故 A 公司向法院提起诉讼。

（二）法院裁决

1. 一审判决

北京互联网法院判决：驳回原告 A 公司的诉讼请求。

2. 二审判决

北京市第四中级人民法院判决：法院认为，消费者在网络平台上对商家的产品或服务进行客观评价，是消费者的正当权利。综合考虑消费者评论的言辞表述、评论内容与服务的关联性等因素，判决涉案差评系消费者针对服务产生的主观感受作出的评价，尚未达到对原告侮辱、诽谤的程度，原告作为服务提供者对此应当给予必要的容忍。同时，鉴于在案的证据不能证明涉案评论构成对原告名誉权的侵害，从保护消费者的批评建议权利的角度考虑，判决不支持原告主张披露相关用户信息的诉讼请求。因此，驳回原告诉讼请求，维持原判。①

二、以案说法

电子商务平台不得删除消费者对商品或服务作出的符合法律强制性规定、社会公序良俗且不违背电子商务平台信用评价规则的评论。

作为服务提供者对此应当给予必要的容忍，既不能苛求所有

---

① 详可参见（2022）京 04 民终 193 号民事判决书。

消费者的评价绝对精准、完全不带主观情绪，也不能要求每一位消费者都必须给予好评，更不能要求电子商务平台评价体系仅向社会大众展现"好评"。对于网络服务提供者，仅对侵权结果扩大承担连带责任，且前提是网络用户存在侵权行为。

（一）网络服务提供者的责任

根据通知规则，被侵权人通知网络服务提供者采取删除、屏蔽、断开链接等必要措施后，如网络服务提供者未采取转通知以及必要措施的行为则可能承担造成侵权结果扩大的责任。但是，通知规则成立的前提是网络用户存在侵权行为。

点评网站作为一类特殊的网络服务提供者，具有健全信用评价制度的特殊功能，如果对任意的投诉信息都不加以辨别核实就采取删除、屏蔽等措施，将失去信用评价体系的客观性。因此对不同消费者的声音的采纳，对不同消费者评价信息的汇聚、分析和展现是其主要功能；而不得随意删改消费者的评价更是点评网站赖以存在的基础。在此基础上，网络服务者更加需要对所谓"被侵权人"的通知进行合理审查，综合其提交的证据和各种网络服务者掌握的信息进行识别判断；对于用户的个人信息也不能仅简单地因"被侵权者"的通知而提供。

（二）消费者客观评价的权利

首先，消费者在网络平台上对商家的产品或服务进行客观评价，是消费者的正当权利，只有在消费者的评价存在诋毁、诽谤并损害商家名誉的情况下，才会构成对商家名誉权的侵害。其次，言论可区分为"事实陈述"和"价值评判"两部分，前者的内容指向"是什么"，后者的内容指向"怎么看"。

本案中涉案平台上的四条用户评论均指向 A 公司提供的服务，

系消费者针对服务产生的主观感受及个人体验作出的评价，涉案评论内容主要是对 A 公司及部分员工提供的服务水平和质量的批评和质疑，虽然这种批评、质疑可能存在一定主观性或者在言语的修辞和表达上有不当之处，但综合考虑评论的言词表述、评论内容与服务的关联性等因素，涉案用户评论尚未达到对 A 公司侮辱、诽谤的程度，是消费者合理行使其言论自由的权利。

三、专家建议

作为消费者，言论自由要注意其边界，网络并非法外之地，一旦言论过界涉及侮辱、诽谤，可能会为自己招致相应后果；作为服务提供者，在保护自己名誉权的同时也需要对于各种批评和质疑的声音拥有一定的容忍度；作为网络服务提供者，应当严格遵守法律的规定和行业的准则，为良好网络环境保驾护航。

从维护消费者批评建议权的要求以及评价机制建立的初衷而言，消费者基于货品或服务本身与网店描述是否相符、卖家服务态度等综合因素对商家进行的评级、评论，虽具有一定的主观性，言辞可能相对激烈甚至有失公允，但只要不是出于恶意诋毁商业信誉的目的，消费者给"差评"不属于侮辱诽谤行为，一般不构成侵权。经营者不能苛求所有消费者的评价绝对精准、完全不带主观情绪，也不能要求每一位消费者都必须给予好评，更不能要求电子商务平台评价体系仅向社会大众展现"好评"。本案是切实维护消费者批评建议权利的生动实践。

四、关联法条

《中华人民共和国电子商务法》第三十九条;《中华人民共和

国民法典》第一千零二十四条;《中华人民共和国消费者权益保护法》第十五条、第十七条;《最高人民法院关于审理利用信息网络侵害人身权益民事纠纷案件适用法律若干问题的规定（2020年修正）》第三条。

是谁吓跑了我的顾客

网络因其空间的无界性，使得网络侵权行为突破了一般侵权责任纠纷案件的时空界限，侵权后果无时无刻不在扩大。尽管网络服务提供者可以采取断开链接、删除等措施，但在互联网中所造成的后果仍是不可逆的。

一、案例简介

（一）基本案情

原告重庆大渡口某口腔门诊部（以下简称某口腔门诊部）系一家在重庆区域规模较大的口腔门诊，在业内具有良好的口碑。2017年8月，北京百度网讯科技有限公司（以下简称百度网讯公司）为了精准定位地理位置和商户信息，将原告门头及商户信息收录入其所有的百度地图进行展示。用户在百度地图软件搜索"某口腔门诊部"，可通过导航到原告处就诊。2019年1月下旬开始，原告发现通过导航来门诊部就诊的客户明显减少，遂登录百度地图搜索"某口腔门诊部"，发现原告店铺首页及商户相册均是带有丧葬用品的图片。原告认为百度网讯公司应有义务对原告在百度地图上的商户信息和形象进行维护，出现丧葬用品的图片是导致原告客户数量减少的直接原因。原告认为其权利受到损害，遂起诉至法院。

（二）法院裁决

重庆市大渡口区人民法院在开庭审理过程中针对原告所提交的相关证据进行审查时发现，在百度网讯公司所有的百度地图 App 上传或更改图片必须是经过实名认证的用户。经原告当庭要求，法院责令百度网讯公司对实际侵权人予以披露，并通过披露的手机信息，依法调取了实际侵权人钱某的身份信息。某口腔门诊部以钱某系直接侵权人为由，申请追加钱某作为共同被告参加诉讼。2020 年 12 月 10 日，钱某到庭应诉称因前往某口腔门诊部就诊时，诊所人员服务态度不好，导致其未就诊而离去，遂打开百度地图 App 找到该门诊部上传了丧葬用品图片进行泄愤。经与原、被告双方充分沟通后，法院主持双方进行了调解，由钱某上传道歉信图片至原告某口腔门诊部在百度地图的商户相册或评论区，并给予原告相应的赔偿。[①]

二、以案说法

对于互联网侵权案件，我们应首先明确其中各方的定义，网络用户是网络平台和网络服务的使用者，网络服务提供者是提供信息平台或者信息通道内容服务的网络服务商。

侵权行为既可能由网络服务提供者发出，也可能是网络服务的使用者。网络用户利用网络从事侵害他人民事权益的行为，是直接的侵权行为，应当承担侵权责任。

对于网络服务提供者而言，如果其提供的内容服务即直接向网络用户提供的信息服务侵害民事权益的，为直接侵权，承担侵权责

[①] 详可参见（2020）渝 0104 民初 4111 号民事判决书。

任；如果其仅提供网络平台或者信息服务，网络用户利用这种网络平台或者信息服务实施侵权行为的，网络服务提供者在收到被侵权人的通知后未采取必要措施，造成损害结果扩大的，此时网络服务提供者的行为是间接的侵权行为，网络服务提供者对由此造成的损失扩大部分与实施直接侵权行为的网络用户承担连带责任。

在互联网侵权纠纷当中，其难点常在于：由于技术壁垒以及涉及用户信息等隐私权利的法律限制的存在，被侵权人往往只能诉网络服务提供者。此时网络服务提供者应配合法院提供直接侵权人的信息，同时采取必要措施防止损害扩大。

三、专家建议

本案是个人利用 App 侵害企业网络侵权责任纠纷的典型案件。互联网侵权纠纷案件具有匿名性的特点，在起诉时往往很难找到实际侵权人，同时网络提供方对网络用户又具有保密义务，不能擅自提供涉嫌侵权的网络用户信息。要平衡两者之间的利益关系，原告可以通过向人民法院提出请求的方式，由人民法院责令网络服务者提供涉嫌侵权的网络用户姓名等信息。网络服务者拒不提供的，人民法院可以依据相关规定进行处罚。本案中，人民法院根据某口腔门诊部的申请，责令百度网讯公司提供涉案侵权用户姓名等信息的方式，找到实际侵权人。通过人民法院主动释法说理促使双方最终达成调解，保障了当事人的合法权益，有效化解了矛盾纠纷，同时也教育当事人网络空间并非法外之地，参与网络生活也必须依法而行。

四、关联法条

《中华人民共和国民法典》第一百一十一条、第一千一百九十四条、第一千一百九十五条、第一千一百九十六条、第一千一百九十七条。

违反安全保障义务责任纠纷

危险娱乐项目经营者对项目参与人人身损害的责任承担

当下，带有刺激性的娱乐项目成了一些人休闲的选择，各大景区的类似娱乐项目层出不穷，但是这些项目往往都具有一定的危险性，这对相关项目的经营者提出了更高的安全保障义务。一旦出现安全问题，不仅是当事人，也将给各方都带来较大的损失。

一、案例简介

（一）基本案情

2019 年 6 月 19 日，原告乐某与同事一行 4 人到被告某漂流公司经营的某漂流景点处漂流。在漂流过程中，因原告乐某乘坐的漂流船碰撞石头，导致原告右小腿受伤。被告方工作人员当日将原告送至芦溪县人民医院治疗，当日又转入宜春市人民医院，共计住院 30 天，被告支付了全部治疗费。原告伤情被诊断为：右胫骨下段骨折。原告乐某于 2019 年 9 月 19 日委托江西宜春司法鉴定中心鉴定，鉴定结论是乐某伤残等级评定为十级伤残，后续治疗费评定为 12000 元、误工期 180 日、护理期 90 日、营养期 90 日。鉴定时间 2019 年 9 月 24 日，鉴定费 2000 元。据此乐某向人民法院诉请被告承担其各项损失。[①]

（二）法院裁决

娱乐场所等公共场所的管理人，未尽到安全保障义务，造成他人损害的，应当承担侵权责任。被告某漂流公司作为惊险性旅游项目的经营者，应当排除漂流设施的安全隐患，提供安全的漂流环境，避免参与者受到人身、财产损失。本案中，原告乐某在漂流过程中，在船上腿部撞击石头受伤，船并未倾覆，说明漂流项目存在安全隐患。被告某漂流公司称原告乐某可能安全意识不够，但未能举证证明原告在事故发生中存在过错。因此，某漂流公司应当对乐某的损失承担全部的赔偿责任。

法院支持治疗费 12000 元、误工期 180 日、护理期 90 日、营养期 90 日等诉请，未支持护理费、精神损害抚慰金等。

二、以案说法

（一）经营者的安全保障义务

安全保障义务的主要内容包括"物"和"人"两个方面。第一，"物"之方面的安全保障义务，主要体现为安全保障义务人对其所能控制的场所的建筑物、运输工具、配套设施、设备等的安全性负有保障义务；第二，"人"之方面的安全保障义务，体现在应配备适当的人员为参与社会活动的他人提供预防外界及第三人侵害的保障，包括警告、指示说明、通知和保护义务。

危险项目的经营者在安全保障方面要按国家强制性标准履行更严格的义务，刺激与危险并存，也正因为项目具有刺激性，参与者才对该类项目热情很高，而经营者也能从中得到丰厚的回报。

---

① 详可参见（2020）赣 0323 民初 424 号。

作为经营者，付出与回报相一致，其承担较高的安全保障义务也与其项目回报相一致。如经营者仅提出参与者安全意识不够而无证据证明参与者有过错的情况下，对其提出的参与者分担部分责任的抗辩应不予支持，由经营者对损害后果承担全部责任。

（二）参与者自甘风险的行为

参与具有危险性的项目时，参与者应该更加遵守相应的规定和指引。无视工作人员的指引或安全标识的警告，擅自行动属于自甘风险，行为人应为自己的行为负责，由此造成的损失，在经营者已经履行安全保障义务的情况下应当由行为人自己负责。

（三）危险娱乐项目中各方过错的认定

本案中乐某作为成年人，并不在"不适宜漂流项目人群"之列，其在充分自我评估下参与该项目活动都是符合日常生活常理和社会共同预期的。在漂流过程中，其在船上被石头撞击受伤，未有其他证据表明其有拒绝听从安全指引的危险行为；而另一同事在船上并未受伤、船并未倾覆也从侧面印证了其本身并无危害自身及他人安全的不当行为，相对而言，并非其过错导致了危险后果。

而经营者作为掌握更多信息和更多技能的优势方，无论是法律的相关规定与标准还是实际情况，其都应当拥有更加丰富的经验和完善的安排以应对危险娱乐项目中的潜在风险。但本案中原告并未得到高效及时的救助，显示出经营者危险救助体系并未高效运转也不符合国家的强制标准。在无证据证明原告存在过错，而被告未尽到安全保障义务且有明显过错的情形下，被告应承担赔偿责任。

三、专家建议

参与危险性的娱乐活动会带来更多刺激性的同时也会带来更多的风险。危险娱乐项目所引发的安全事故频频发生，参与者要充分评估个人的能力后再参与到相应的活动中去。同时，在这些活动中应当甄别危险行为，听从工作人员的安全指引，生命安全至上。而对于经营者来说，更多的流量带来更多收益的同时也将带来更多的责任，对于项目的安全性及保障工作更不能放松。

四、关联法条

《中华人民共和国民法典》第一千一百七十九条、第一千一百九十八条;《中华人民共和国消费者权益保护法》第十八条；2006年6月1日，国家质量监督检验检疫总局、国家体育总局共同发布的《23项危险性大体育项目经营国家强制性标准》。

经营者的飞来横"责"

全民健身时代来临，越来越多的民众将休闲体育运动作为日常的休闲活动的选择之一，除了进行足球、篮球和乒乓球等传统体育运动外，还有攀岩、滑雪、蹦床等新兴体育运动，但随之而来的运动伤害事故和相关的民事纠纷也日益增多。

一、案例简介

（一）基本案情

2019年7月7日上午，晏某某及朋友共5人前往生态农庄经营的"弹力空间蹦床公园"内玩耍。进入弹力空间蹦床公园馆内之前，晏某某等人签署了《弹力空间蹦床馆入场安全免责须知》。随后，晏某某在做一个空翻跳跃时头背部先与蹦床接触后倒在蹦床上。休息期间，晏某某同伴及场馆内工作人员多次上前察看晏某某情况。另，监控视频中，白色蹦床区域在蹦床馆入口正前方，馆内墙上及地上多处贴有提示标语："一张床一个人""禁止连续跳跃蹦床"。经北京朝阳急诊抢救中心诊断，晏某某为胸12椎体爆裂骨折、胸11棘突骨折，实际住院8天。生态农庄未能尽到安全保障义务致使晏某某身体受伤，故晏某某诉至法院。①

---

① 详见（2020）京01民终2384号。

（二）法院裁决

北京市延庆区人民法院于 2019 年 12 月 31 日作出（2019）京 0119 民初 9838 号民事判决：晏某某自身承担 80% 的责任，生态农庄承担 20% 的责任，生态农庄在判决生效后赔偿晏某某医疗费 24364.45 元、误工费 3600 元、护理费 1800 元、营养费 540 元、住院伙食补助费 160 元、残疾赔偿金 27196 元、精神损害抚慰金 1000 元、鉴定费 1003.24 元、交通费 160 元、残疾辅助器具费 560 元。

宣判后，晏某某、生态农庄均不服，都提起上诉。北京市第一中级人民法院于 2020 年 3 月 24 日作出（2020）京 01 民终 2384 号民事判决：驳回上诉，维持原判。

二、以案说法

本案的争议焦点与大多数安全保障责任纠纷相同，在于确定经营者即生态农庄是否应对晏某某的损害后果承担责任及责任比例问题。

1. 关于生态农庄是否应承担赔偿责任问题。法律规定，宾馆、商场、银行、车站、娱乐场所等公共场所的管理人或者群众性活动的组织者，未尽到安全保障义务，造成他人损害的，应当承担侵权责任。生态农庄作为蹦床活动的经营者暨公共场所的管理人，从其公司接受晏某某等人消费、晏某某等人进入其经营场所开始即对晏某某负有安全保障义务。本案中，从视频证据可以认定，晏某某在做一个空翻跳跃时头背部先与蹦床接触后倒在蹦床上，后晏某某同伴及场馆内工作人员多次上前查看晏某某情况，由此可以看出当时晏某某已经受伤。从事后医院的检查结果看，其系胸 12 椎体爆裂骨折、胸 11 棘突骨折，该受伤结果与晏某某在做空翻跳跃先行落在蹦床上的部位相吻合。同时，身体某些部位的骨折在受伤时并未立刻在外表上有所显现，有时症状会具有一定的延后性。就本案而言，事发3小时左右晏某某就医检查符合常理，故一审法院认定晏某某所受损害发生在生态农庄经营的涉案场所内正确，二审法院予以确认。

2. 关于双方当事人的责任比例问题。晏某某作为具有完全民事行为能力的成年人，其在进入蹦床馆内前自愿签署了《弹力空间蹦床馆入场安全免责须知》，且馆内多处张贴了安全提示标语，其应当知道蹦床活动具有一定的危险性，故应在活动过程中提高警惕、注意安全。但晏某某明知自己是初玩者，在没有接受专业培训的情况下，冒险作出高难度的空翻动作，将自己置于高度危险之中，显然其自身应当承担主要责任。

三、专家建议

安全保障义务不可扩大解释，如果对公共场所相关管理人的安全保障义务过分苛责，则有失公平，因此要对其进行合理界定。那么，在蹦床等高危娱乐项目中，经营者安全保障义务的范围如何确定呢？

第一，经营者应当主动排除危险，具体包括"物的方面"和"人的方面"。"物的方面"是指服务场所使用的建筑物、配套服务设施、设备应当安全可靠，不存在安全隐患，这就要求经营者在日常经营中要定期维护。在接待参与游玩的消费者时，应设置相应应急机制、急救措施来保障参与者的安全。"人的方面"是指经营者需要配备具有专业素质的安全保障服务人员，时刻在参与者参与过程中保障其参与安全。

第二，经营者应当对不安全因素进行提示、说明，在游戏场地和入场前设置明显警示标志进行提示、告知，并安装全面、清晰的监控装置，必要时，应对参与者进行劝导与协助。

第三，我们作为完全民事行为能力人，对于自身安全负有高度的注意义务，如果明知自己并不能像场馆工作人员一样，在保障安全的前提下施展高难度动作，刻意逞强，将自身置于高度危险的状态里，自发开启高风险模式，此时如果遭受损害，我们仍将承担主要责任。

四、关联法条

《中华人民共和国民法典》第一千一百九十八条。

教育机构责任纠纷

学生在学校受伤，学校应当承担什么责任

统计数据显示，教育机构责任纠纷中，伤害事件主要集中在学生之间相互追逐打闹、室外活动或体育课以及楼梯口、走廊等拥挤处发生的挤压摔倒等情况。学校中充满着对一切都好奇的学生，他们对危险的认识并不充分，可能做出的风险举动和带来的伤害往往会超出预期。在此情形下，教育机构就需要承担应尽的教育、管理职责，对未成年人在教育机构学习、生活期间因其未尽到相应职责而遭受的人身损害承担责任。

一、案例简介

（一）基本案情

原告王某系某县第二中学学生，2020年6月2日晚（第三节晚自习），在被告某县第二中学职工（化学老师）一人的组织下，同年级学生56人，每两人一组分28组，在同一实验室，同时进行两场实验课的教学。在实验过程中，原告王某完成实验后，代课教师要求王某及其同组同学离开实验台到实验室门口等待其他同学实验完毕后，统一离开实验室。在代课教师负责指导其他同学进行实验的操作时，原告王某将实验室内的氢氧化钠吞入，导

致受伤。证人（当时代课老师）得知原告吞入氢氧化钠后，要求其大量饮水，后拨打 120 将原告王某送往某县人民医院进行救治，后转院至西安市儿童医院住院治疗，经医院诊断为：化学腐蚀性食管烧伤及食管狭窄（全段型）。

通过被告某县第二中学及证人、代课老师的陈述可以认定，被告已多年未对相关从业人员进行突发安全故事处理培训。2019 年 8 月 31 日，某县教育科技体育局在被告中国人民财产保险股份有限公司某支公司校（园）方责任保险（2000 版）进行了投保，保险期间为自 2019 年 9 月 1 日起至 2020 年 8 月 31 日止，此事故发生在保险期限内。①

（二）法院裁决

法院认为，本案被告某县第二中学在实验教学过程中，未配备专业的实验室管理人员辅助实验操作，使较早结束实验操作的同学，离开试验台，随意停留在实验室内，无人看护，致使原告王某将氢氧化钠吞入，造成损失。另被告某县第二中学已多年未组织相关工作人员进行相关安全技能培训。综上，被告某县第二中学在教学过程中存在未尽到对未成年人学生的充分关注、及时保护的义务责任，未尽到管理和保护的责任。

但本案所涉实验教学具有一定的风险性，原告王某正在接受九年义务学习，且属于初三年级（九年级）的学生，对此应有一定的认知，更应预知到可能存在的风险。因此，原告王某应该对此次损害承担自己相应的责任。故根据原告王某与被告某县第二中学的过错程度，本院酌情确定被告某县第二中学承担本次事件的责任比例为 60%，原告王某承担 40%。

---

① 详可参见（2022）陕 0626 民初 2169 号民事判决书。

二、以案说法

教育机构应当对未成年人在教育机构学习、生活期间因其未尽到教育、管理职责而遭受的人身损害承担责任。判断教育机构是否应承担侵权责任，应根据个案中未成年人的行为能力、教育机构教育管理职责范围、双方过错程度及原因力的不同等方面进行具体分析。确定教育机构是否尽到教育、管理职责，应当以规范性法律文件的规定为标准比对判断。若在有关法律法规未必详细周全规定的情况下，应当结合具体情况考虑其是否尽到了管理人必要的注意义务。

（一）过错推定原则

无民事行为能力人（不满8周岁的未成年人、不能辨认自己行为的成年人为无民事行为能力人。）在幼儿园、学校或者其他教育机构学习、生活期间受到人身损害的，幼儿园、学校或者其他教育机构应当承担侵权责任；但是，能够证明尽到教育、管理职责的，不承担侵权责任。

（二）过错责任原则

限制民事行为能力人在学校或者其他教育机构学习、生活期间受到人身损害，学校或者其他教育机构未尽到教育、管理职责的，应当承担侵权责任。

教育机构的过错主要表现在以下三个方面：（1）教育机构未尽到教育、管理职责，如未能及时制止学生打闹等行为导致受伤；（2）提供的设施、场地存在安全缺陷，若学生能提供证据证明场地设施存在问题，则能证明教育机构未尽到教育、管理职责；（3）在学生受伤后，教育机构未能及时送往医院诊治并通知家长，存在过错且需承担赔偿责任。

本案中就属于是该种情形。

（三）补充责任

无民事行为能力人或者限制民事行为能力人在幼儿园、学校或者其他教育机构学习、生活期间，受到幼儿园、学校或者其他教育机构以外的第三人人身损害的，由第三人承担侵权责任；幼儿园、学校或者其他教育机构未尽到管理职责的，承担相应的补充责任。幼儿园、学校或者其他教育机构承担补充责任后，可以向第三人追偿。

也就是说，假如学生在校期间互相打斗造成人身损害，只要教育机构未尽到教育、管理义务就应当承担责任。但此时，斗殴学生的监护人也应承担相应的民事责任，并且斗殴学生的监护人与教育机构之间是按份承担责任。

三、专家建议

未成年人作为祖国的未来、家庭的希望，家长有责任有义务配合学校对孩子开展安全教育。学校也应当定期开办教育机构安全知识讲座，加强对师生的安全教育。在体育课、运动会以及体育比赛等竞技或运动活动中，务必加强安全管理。对于校园中的设施等更要定期进行安全隐患排查和处理，制定安全应急预案，确保在事故发生后能够迅速采取有效的救治措施。

四、关联法条

《中华人民共和国民法典》第一千一百九十九条、第一千二百条。

学生在校内打闹受伤，责任该如何认定

虽然保障校园安全是老师和学校一直强调的重要任务，但追逐玩闹是孩子的天性，从现实来看，很难要求学生在学校时刻保持安静。若学生在追逐打闹的过程中受伤，友谊的玩要可能变成法庭上的争论。当学生在校内打闹受伤，学校是否担责？其中的责任该如何认定？

一、案例简介

（一）基本案情

刘某与徐某1均系十九中学的学生。2021年4月7日14时左右，刘某手持一瓶可乐在学校走廊遇到徐某1。徐某1要求买刘某的可乐，刘某不同意。徐某1从刘某手中拿过可乐，刘某追逐徐某1欲将可乐拿回。其间，徐某1将可乐拧开，刘某伸手将徐某1推倒在地，徐某1起身后两人扭打在一起，拉扯过程中徐某1抱住刘某的腰二人一同倒地，徐某1倒在刘某身上，刘某右手肘部着地导致受伤。随后，刘某的班主任来到现场将二人分开，并拨打120急救电话，同时通知学校安全办及刘某与徐某1的家长徐某2、何某。刘某受伤后当即被送往医院治疗，后经鉴定刘某构成十级伤残。

刘某向一审法院起诉请求：判令各赔偿义务人共同赔偿其损失142320.36元。被告徐某1、徐某2、何某、十九中学均不同意原告诉讼请求，请求法院予以驳回。[1]

（二）法院裁决

1. 一审判决

一审法院认为，首先，结合庭审查明的情况，刘某与徐某1作为初中生，应该知道在校活动要注意安全，不做可能危及他人安全的行为，故双方对损害发生均有过错。其次，事故发生在课间休息时间，不要求老师一对一看管，且事发突然，学校无法预见并制止。在日常教学管理中，学校也已经履行日常安全教育。事故发生后，学校及时通知，使其得到了及时救治，已尽到事后妥善处置的义务。故学校已履行管理职责，不承担侵权责任。综合考虑本案实际情况、民事行为能力及各方的过错程度等，酌情认定徐某1按60%的比例承担赔偿责任刘某的损失。一审法院判决徐某2、何某于判决生效之日起10日内赔偿刘某损失65714.11元，驳回刘某的其他诉讼请求。

2. 二审判决

二审法院认为，在学校已经进行日常安全教育的情形下，刘某系课后与徐某1打闹过程中受伤，学校事前无法防范，事故发生后学校老师及时赶赴现场并拨打家长电话、急救电话，已履行管理职责。故应由徐某1承担民事赔偿责任，十九中学不承担赔偿责任。一审判决认定事实清楚，适用法律正确，应予维持。

二、以案说法

本案争议焦点为各方如何承担民事赔偿责任。

根据《中华人民共和国民法典》（以下简称《民法典》）第

---

[1] 详可参见（2022）湘06民终1842号民事判决书。

一千一百八十八条规定："无民事行为能力人、限制民事行为能力人造成他人损害的，由监护人承担侵权责任。"就本案而言，徐某1、刘某二人均为已满14周岁的限制民事行为能力人，在逗打过程中，对自身行为的危险性应负有一定的注意义务。徐某1未经刘某的同意拿走其可乐，是造成二人追打的起因，从而造成刘某受伤，应对刘某的损失承担赔偿责任。刘某在徐某1拿走其可乐后应当及时向老师反映，其追逐徐某1并将徐某1推倒，扭打中造成二人摔倒在地，自身存在过错。依据《民法典》第一千一百七十三条的规定，被侵权人对同一损害的发生或扩大有过错的，可以减轻侵权人的责任。综合考虑本案实际情况、民事行为能力及各方的过错程度等，酌情认定徐某1按60%的比例承担赔偿责任。

另外，依据《民法典》第一千二百条规定："限制民事行为能力人在学校或者其他教育机构学习、生活期间受到人身损害，学校或者其他教育机构未尽到教育、管理职责的，应当承担侵权责任。"根据该规定，学校或者教育机构承担的是过错责任。案涉事故发生在课间休息期间，具有突发性。学生在课间应遵守学校的日常行为规范，无须老师一对一看管。且事故发生突然，因学校的监控探头较多，且打闹时间较短，仅靠保安肉眼查看监控视频难以第一时间发现。对此不能要求十九中学对无法提前预知的突发事件提前进行干预。十九中学提交了安全工作会议记录、安全提示照片、安全课程教育等日常安全教育的相关证据。事故发生后，班主任通知学校安全办，安全办及时将刘某送往医院并通知双方家长，使其得到了及时救治，已尽到事后妥善处置的义务。故十九中学不承担赔偿责任。

三、专家建议

学生课间追逐打闹虽然具有一定危险性，但是从孩子天性出发，很难完全制止。由于未成年学生对危险的认知判断能力有限，因此需要从校园相关事故的安全教育着手，形成安全教育合力。学校应当加强教育与管理，对学生普及安全知识，增强学生安全意识，减少危险追逐打闹游戏，教导学生遵规守纪。同时，家长也要与学校共同教育与管理好孩子，呵护孩子健康安全成长。

四、关联法条

《中华人民共和国民法典》第一百一十条、第一千零三条、第一千零四条、第一千一百六十五条、第一千一百七十三条、第一千一百七十九条、第一千一百八十三条、第一千一百八十八条。

饲养动物损害责任纠纷

撸宠需谨慎，当心反被伤

现实生活中，很多喜欢小猫小狗等宠物的人士，经常会去猫咖、狗咖等场所撸猫、撸狗，放松身心。但休闲之际也要注意安全问题，在宠物店若受到猫、狗等动物伤害，宠物店该不该赔偿？如何赔偿呢？

一、案例简介

（一）基本案情

2022 年 1 月 9 日 13 时 56 分，鲁某及其父亲到某宠物公司处与猫进行互动体验。互动中，鲁某被猫咬伤右臂。某宠物公司对鲁某伤口处进行了基本处理。15 时 45 分鲁某父母带鲁某到北京市朝阳区常营社区卫生服务中心接种狂犬疫苗，后鲁某出现发热现象并就医。某宠物公司认可鲁某陈述的事发经过，但称是由于鲁某两次触摸了猫咪的敏感部位即臀部及尾巴，猫咪才作出应激反应将鲁某咬伤。

鲁某向法院起诉请求：（1）要求某宠物公司支付鲁某医疗费 3893.7 元；（2）要求某宠物公司支付鲁某家属护理费 6068.99 元；（3）要求某宠物公司支付鲁某交通费 500 元。被告某宠物公司不同意原告鲁某诉讼请求，请求法院予以驳回。[①]

（二）法院裁决

1. 一审判决

一审法院认为，饲养的动物造成他人损害的，动物饲养人或者管理人应当承担侵权责任。被侵权人对同一损害的发生或者扩大有过错的，可以减轻侵权人的责任。本案中，事故发生时的动物管理人为某宠物公司，应承担赔偿责任。鲁某系未成年人，事发时鲁某确有成年家属陪同，但其父母作为监护人未尽到对其的保护义务，其监护人对本次损害的发生有一定的过错，可以减轻某宠物公司的责任。根据现有证据以及查明之事实，一审法院认定某宠物公司对鲁某的损害结果承担 90% 的赔偿责任，判决其于判决生效后 7 日内支付鲁某医疗费、护理费、交通费共计 7284.33 元，驳回鲁某的其他诉讼请求。

2. 二审判决

二审法院认为，根据现有证据以及查明之事实，一审法院认定某宠物公司对鲁某的损害结果承担 90% 的赔偿责任并无不当，一审判决认定事实清楚，适用法律正确，应予维持。

二、以案说法

本案涉及的争议焦点为某宠物公司赔偿责任比例问题。

《中华人民共和国民法典》（以下简称《民法典》）第一千二百四十五条规定："饲养的动物造成他人损害的，动物饲养人或者管理人应当承担侵权责任。但是，能够证明损害是因被侵权人故意或者重大过失造成的，可以不承担或者减轻责任。"一般而

---

① 详可参见（2023）京 03 民终 2996 号民事判决书。

言，饲养动物致害的侵权责任构成要件包括动物加害行为、损害结果以及因果关系。根据本案已经查明的情况，鲁某在某宠物公司开设的店铺与猫进行互动体验时被咬伤右臂，符合上述要件，故某宠物公司作为事故发生时的动物管理人应承担赔偿责任。

关于某宠物公司赔偿责任比例的问题。经审查，某宠物公司作为猫咖的经营者，在经营过程中针对顾客特别是未成年顾客应对与猫互动体验中存在的风险以及正确互动方式做出专业的提示、说明和指导，并就风险产生后的责任免除、保险购买及赔偿限额等问题进行明确告知，此为避免类似本案纠纷及构建和谐消费环境的有效措施。从本案证据来看，未显示某宠物公司在事发前就相关事项进行了应尽的提示告知义务，且如其所述，咬伤鲁某的猫因此前受伤较为敏感，在此情形下亦应适当减少其与顾客的互动接触。故本案现有证据不足以证明某宠物公司可以依《民法典》第一千二百四十五条减轻责任。但是，根据《民法典》第一千一百七十三条规定："被侵权人对同一损害的发生或者扩大有过错的，可以减轻侵权人的责任。"由于事发时鲁某的陪同成年家属未尽到对其的保护义务，自身亦存在一定过错，在此情形下可以减轻某宠物公司的责任。故根据现有证据以及查明之事实，认定某宠物公司对鲁某的损害结果承担 90% 的赔偿责任。

三、专家建议

宠物经济新业态的飞速发展背后隐藏着容易忽略的安全问题。消费者在亲近宠物、享受休闲时光的同时，要充分考虑"撸宠"行为招致危险的可能性。对于带娃"撸宠"的家长而言，更要加强安全保护，规避潜在风险，"撸宠"需讲法、爱宠需有度。同时，猫咖、狗咖等宠物店作为提供服务的商家，要积极履行动物饲养人的安全管理义务，细心排查宠物安全问题，做好风险提示，设置完备的防护和医疗设施，制定合理合规的应急处置方案。

四、关联法条

《中华人民共和国民法典》第一百一十条、第一千零三条、第一千零四条、第一千一百六十五条、第一千一百七十三条、第一千一百七十九条、第一千二百四十五条。

禁养犬伤人，过错不相抵

近年来，恶犬伤人事件频繁发生，引起了社会的高度关注。受害者轻则缝针吃药、停工停学，重则重症监护，甚至失去性命。杜绝此类事件再度发生，既需要地方政府加大对烈性犬以及不文明养犬行为的监管力度，也需要每一个居民学会遭遇恶犬袭击时的自我保护知识以及事后维权的法律知识。通过行政处罚与民事追责并行的方式，倒逼禁养犬饲养人规范自身行为。

一、案例简介

（一）基本案情

龙某于 2020 年 10 月初开始在北京市海淀区某 KTV 从事服务员工作。曲某系 KTV 管理者。

2020 年 10 月 19 日下午 2：30 左右，一名粉衣女子坐在 KTV 后院椅子上，两条黑狗爬在院里。龙某位于粉衣女子身后的房间内，后两条狗跑向龙某房间门口，随后粉衣女子从椅子上起身走向龙某房间，龙某自房间内冲出，二人在房间门口发生争吵后相互厮打，龙某倒地，粉衣女子未停手，同时其中的一条黑狗对龙某进行撕咬。数秒后，闻声而来的其他房间的人员将粉衣女子拉开，龙某从地上起身返回房间内，狗仍未离开，旁观人员随即将狗驱离关入笼中。

曲某安排司机带龙某到北京市海淀医院就医，龙某于 2020 年

10月19日晚报警。2020年10月20日，曲某司机带龙某再次到北京市海淀医院就诊，北京市海淀医院出具诊断证明书，诊断：头部损伤；被狗咬伤；开放性损伤伴感染；上肢损伤；头颅顶骨2处不规则开放损伤长约4.5厘米、1.2厘米，均深及颅骨，分别清创缝合4针、1针。右侧颞骨处3处不规则开放损伤长约2厘米、1厘米、1厘米，深及颅骨，分别清创缝合2针、1针、1针。枕骨处2处不规则开放损伤长约2厘米、1.2厘米，深及颅骨，分别清创缝合4针、2针。左上臂多处不规则开放损伤，贯穿伤，分别长3.5厘米、1厘米、1厘米、1厘米，深1.5—2厘米不等，分别清创缝合3针、1针、1针、1针。面部浅表挫伤。

另查明，咬人的狗的品种为卡斯罗，为北京市海淀区禁养犬，该犬只为曲某所饲养。

曲某主张龙某存在与他人打架激怒狗的行为。[①]

（二）法院裁决

1. 一审判决

一审法院认为，曲某饲养的烈性犬造成了龙某损害，所以曲某应当承担全部的侵权责任，对龙某的合理损失进行赔偿。赔偿费用包括医疗费、误工费、住院伙食补助费、住宿费、交通费、财物损失费、精神损害抚慰金共计2940.51元。

2. 二审判决

二审法院认为，一审法院确定由曲某承担全部责任正确，本院予以确认。但鉴于龙某在二审期间提交新证据，故本院对一审法院判决予以改判。最终判决曲某赔偿龙某医疗费等费用共计65455.58元（扣除曲某已经垫付的25515.07元，曲某应赔偿龙某

---

① 详可参见（2021）京01民终9289号民事判决书。

39940.51 元)。

二、以案说法

（一）饲养动物致人损害的无过错责任

禁止饲养的烈性犬等危险动物造成他人损害的，动物饲养人或者管理人应当承担侵权责任。禁止饲养的危险动物致害责任是特殊类型的动物致害责任，适用无过错责任归责原则，构成要件包括：违反了禁止饲养烈性犬等危险动物的规定，造成他人损害以及二者具有因果关系三个要件。换言之，主观过错并非饲养人承担烈性犬致人损害责任的构成要件。只要存在"狗咬人"和"人受伤"，饲养人就应当承担侵权责任。本案中，曲某存在饲养烈性犬、大型犬的违法行为，且其饲养的烈性犬造成了龙某损害，故曲某应当承担侵权责任。

（二）绝对无过错责任

如果是法律允许饲养的动物致人损害，饲养人虽然承担的是无过错责任，但如果能够证明受害人对损害的发生存在故意或重大过失，饲养人也可以相应地不承担责任或减轻责任。然而，如果是法律禁止饲养的动物致人损害，饲养人不仅承担的是无过错责任，而且还不适用免责事由，即便损害是受害人故意导致的，饲养人也应当承担侵权责任。

就本案而言，虽然曲某主张龙某存在与他人打架激怒狗的过错行为，其不应承担责任，但是法院认为被侵权人过错和受害人故意两种过错的适用范围在特殊侵权行为领域，尤其是无过错责任领域的适用，是以法律明文规定为限的，本条未将被侵权人故意、重大过失作为减免责事由，即使受害人故意或者重大过失，也不得减轻责任，更不得免除责任，故本案中无论龙某是否存在过失，曲某均应当承担全部的侵权责任，对龙某的合理损失进行赔偿。也就是说，即使受害者存在故意"挑逗"甚至"挑衅"烈性犬的行为，饲养人也会因为违法在先，对受害人承担侵权责任。

三、专家建议

文明安全的养犬环境需要各方共同努力。对于地方政府而言，要加强对地方犬只管理条例的执行力度，完善优化犬只收容处理办法，严格没收禁养犬、严厉处罚饲养人。对于饲养人而言，要熟悉当地的犬只管理条例，知晓哪些犬只可以养、哪些犬只不能养，学习并切实践行文明养犬规范。对于受害者而言，路遇烈性犬时要尽可能地绕行，倘若不幸被攻击，要坚决地向狗主人主张赔偿，受害者无须证明狗主人存在过错，并且即便受害者有过错，狗主人亦不能免责。

四、关联法条

《中华人民共和国民法典》第一千一百七十九条、第一千一百八十三条、第一千二百四十七条;《最高人民法院关于确定民事侵权精神损害赔偿责任若干问题的解释》第五条。

丢掉的是宠物，丢不掉的是责任

近年来，各地开展的捕杀流浪狗行动引起了全民关注以及"爱"狗人士与"恨"狗人士的激烈争锋。他们一方认为狗是人类的朋友，捕杀流浪狗太过残忍；另一方认为数量庞大的流浪狗群体已经给当地居民带来了严重困扰和潜在危险，应当捕杀。究其根源，城市中日渐严重的流浪狗之患背后的原罪其实是狗主人的随意弃养。没有弃养，就没有流浪。如果我们不幸被流浪狗所伤害，我们是否能够向弃养者主张权利呢？

一、案例简介

（一）基本案情

2019年4月24日，原告郝某在神木市大柳塔镇前柳塔村东过境线路宝骏捷物流停车场自家门口玩耍时，被流浪的大型犬咬伤头部，后被送往神木市大柳塔实验区人民医院、神木市人民医院门诊治疗，支出医疗费2873.6元。另查明，被告景某在经营饭店期间将流浪而来的伤人犬拴住，并喂养该犬。2019年4月12日，被告景某迁至榆林，未将该犬带走。

景某主张其虽曾喂过几次流浪狗，但未拴住圈养也未固定管理，对流浪狗根本没有控制力和决定权。①

---

① 详可参见（2019）陕08民终4431号。

（二）法院裁决

1. 一审判决

一审法院认为，原告郝某的损失应当由被告景某承担赔偿责任，判决景某向郝某赔偿医疗费共计 2873.6 元。

2. 二审判决

二审法院认为，景某的上诉理由均不能成立，应予驳回。一审判决认定事实清楚，适用法律正确，依法应予维持。最终判决驳回上诉，维持原判。

二、以案说法

（一）遗弃不能免除责任

《中华人民共和国民法典》第一千二百四十九条规定："遗弃、逃逸的动物在遗弃、逃逸期间造成他人损害的，由动物原饲养人或者管理人承担侵权责任。"这就意味着无论是主观上故意抛弃动物的行为，还是没有履行管理责任致使动物逃逸的行为都会增加动物对人和社会环境的危险。本应置于人类控制下的动物失去了人类的管理而随意流动导致侵权损害案件的发生，出于对社会公共利益及责任分配公平性的考虑，原饲养人或管理人理应为自己抛弃动物或拒绝履行管理职责的行为付出代价。

对于弃养的情况，既然最初饲养人或者管理人选择饲养动物，那么就应当负有对其进行照看、管理和控制的责任。遗弃动物后，饲养人或者管理人和动物之间的所有权关系不复存在，但是其明知动物自身存在危险性，却选择将动物遗弃使其失去人类的控制而造成严重后果。即饲养人或者管理人对动物致害的结果持放任态度，无形之中给社会增添了危险。饲养动物损害案件的发生与动物被遗弃存在必然的因果关系，所以必然要对损害承担责任。

本案中，景某作为案涉伤人犬只的饲养人，本应当在搬迁时将该伤人犬只一并带走，但其却将犬只遗弃。景某的弃养行为与郝某被该犬只咬伤之间存在必然的因果关系，景某当然应当对此负责。

（二）管理与控制标准

无论是饲养人还是管理人，他们对其饲养的动物造成的损害负责的基础就在于，饲养人和管理人对造成损害的动物具备事实上的管理与控制。根据权利与义务相一致原则，依据危险控制理论，由事实上能够控制饲养动物风险发生的人来承担动物侵权场合的责任便是合理的。饲养人通常是指动物的所有权人，虽然流浪动物的饲养者并非流浪动物的所有权人，但其长期喂养流浪动物的行为，往往会被法院认定为对流浪动物形成了管理与控制，也就是所谓的"事实上的饲养关系"。

就本案而言，虽然伤人犬只并非景某购买所得，而只是景某在经营饭店期间收留并喂养的流浪狗，但景某和该流浪狗之间已经形成了事实上的饲养关系，并且景某还在饲养期间将该流浪狗"拴住"，这更能说明景某对该流浪狗形成了事实上的管理与控制，应当对流浪狗的伤人行为负责。若想通过一弃了之来逃避责任，则是必然不可能的。

三、专家建议

当我们不幸因流浪狗或其他流浪动物而受伤时，不要急着自认倒霉。一些流浪动物也并非天生的流浪者，它们也是被迫"半路出家"的，它们原来也有主人。受害者可以尝试寻找伤人动物的主人，请求其主人承担损害赔偿责任。原主人对其遗弃的流浪动物造成的损害负有不可推卸的责任。倘若找不到原主人，也不要着急。若流浪动物伤人的事故发生在小区内，受害者还可以向小区的物业公司请求赔偿，由于物业公司就其服务区域负有安全保障义务，因此对该区域内的流浪动物致害事件应当依据物业合同约定或者依其过错承担相应的责任。

四、关联法条

《中华人民共和国民法典》第一千一百九十八条、第一千一百七十九条、第一千二百四十五条、第一千二百四十九条。

高空抛物、坠物损害责任纠纷

守护头顶上的安全

近年来，高空抛物现象屡禁不止，给广大人民群众的生命健康和财产安全带来威胁。对此，《中华人民共和国民法典》（以下简称《民法典》）作出了相关规定，旨在从法律层面根治"高空抛物"这一陋习，守护老百姓"头顶上的安全"！

一、案例简介

（一）基本案情

2019 年 5 月 26 日，庚某娴在位于广州市越秀区的杨箕村的自家小区花园散步。经过黄某辉楼下时，黄某辉家小孩在房屋阳台处抛下一瓶矿泉水，正好掉落在庚某娴身旁，导致其惊吓、摔倒，随后被送往医院救治。后经庚某娴亲属与黄某辉一起查看监控确认了上述事实，双方签订确认书，确认矿泉水瓶系黄某辉家小孩从 35 楼阳台扔下，同时黄某辉向庚某娴支付 1 万元赔偿。庚某娴住院治疗出院后又因此事反复入院治疗，累计超过 60 天，且被鉴定为十级伤残。由于黄某辉拒绝支付剩余治疗费，庚某娴遂向人民法院提起诉讼。

（二）法院裁决

人民法院认为，庾某娴散步时被从高空抛下的水瓶惊吓摔倒受伤，经监控录像显示水瓶由黄某辉租住的房屋阳台抛下，有视频及庾某娴、黄某辉签订的确认书证明。双方确认抛物者为无民事行为能力人，黄某辉是其监护人，庾某娴要求黄某辉承担赔偿责任，黄某辉亦同意赔偿。涉案高空抛物行为发生在《民法典》实施前，但为了更好地保护公民、法人和其他组织的权利和利益，根据《最高人民法院关于适用〈中华人民共和国民法典〉时间效力的若干规定》第十九条规定，《民法典》施行前，从建筑物中抛掷物品或者从建筑物上坠落的物品造成他人损害引起的民事纠纷案件，适用《民法典》第一千二百五十四条的规定。判决：黄某辉向庾某娴赔偿医疗费、护理费、交通费、住院伙食补助费、残疾赔偿金、鉴定费合计 8.3 万元；精神损害抚慰金 1 万元。①

二、以案说法

（一）人权意义

安全权作为人的基本权利之一，受到法律的保护。人民法院通过调查、审理，判决黄某辉赔偿庾某娴的损失，充分体现了司法保护人权的宗旨。司法机关以坚决守护人民"头顶上的安全"为使命，对高空抛物行为进行审理判决，确保每个人在社会中的生活安全和身体健康得到充分的保护，体现了对人权的尊重和关注。

（二）法治意义

司法机关充分认识到高空抛物、坠物行为的社会危害性，依

---

① 详可参见（2020）粤 0104 民初 19342 号民事判决书。

法行使职权，案件的审理和判决依据相关法律条款，明确界定了高空抛物行为的违法性，并判决加害人承担相应的赔偿责任，妥善审理民事纠纷，全面保护人民群众的人身和财产安全。保障了法律的权威性和公正性，符合法治的基本原则。

（三）该案件对人权司法保障的启示

一是依法保障人身安全。该案体现了对人身安全的保护。人权司法保障应重视维护公民的人身安全，对于危害他人生命健康的行为要予以严厉惩处，通过司法手段实现对公民生命权的尊重与保障。二是加强公共安全维护。该案突出了维护公共安全对人权保障的重要性。人权与公共安全相辅相成，只有在良好的公共安全环境下，公民的权益才能得到更好的保障。人权司法保障应加大对扰乱公共安全行为的打击力度，维护社会安宁稳定。三是提高法治意识。该案通过司法途径解决了高空抛物民事侵权纠纷，明确了高空抛物行为的违法性和侵权责任。这有助于加强法治宣传教育，培养全社会的法治意识，强化对法律的遵守，使人权司法保障得以有效落实。四是促进公平正义。该案中的判决体现了司法机关的公正和公平。人权司法保障要坚持公正与公平的原则，确保每个人都能在司法程序中受到平等对待，维护人权的公平正义。

三、专家建议

高空抛物不仅威胁市民人身安全，还危害公共安全、污染生态环境。一段时间以来，由于高空抛物坠物致人伤亡事件频发，威胁人民群众生命财产安全，使得如何加大力度治理高空抛物坠物，守护好"头顶上的安全"，引发社会公众高度关注。2019年11月，最高人民法院印发《关于依法妥善审理高空抛物、坠物案件的意见》。根据《意见》，故意高空抛物最高可以故意杀人罪论处。根据高空抛物不同情形，可以危险方法危害公共安全罪、故意杀人罪、过失致人死亡罪、过失致人重伤罪、重大责任事故罪等入罪。2021年3月1日，《中华人民共和国刑法修正案（十一）》施行，"高空抛物"正式入刑。《国家人权行动计划（2021—2025）》提出，要"保护公民的生命安全和生命尊严在常态和应急状态下均不受非法侵害"。在法治大力推进规范有关违法犯罪的情况下，民众要学会通过司法途径保障了自身的安全权以及相应的财产权益。

四、关联法条

《中华人民共和国民法典》第一千二百五十四条;《最高人民法院关于适用〈中华人民共和国民法典〉时间效力的若干规定》第十九条。

见义勇为人受害责任纠纷

为见义勇为者撑起保护伞

日常生活中，怀着一片热心肠，向陷入困境的人伸出援手，自身却陷入险境遭受损害的见义勇为者不在少数，英雄流血又流泪的新闻时有发生。如果见义勇为导致行为人民事权益受损，其本人或家属是否能够要求补偿？又应该找谁索要补偿？

一、案例简介

（一）基本案情

2020年6月11日上午7时许，陈某在途经沅江市××镇××村临时安置房时，因闻到彭某、李某所居住房间内有液化气泄漏的味道，便通知彭某的母亲余某前往查看。因余某没有钥匙开门，陈某便爬窗进入室内。在关闭液化气罐时，突然着火，导致陈某被烧伤。后住院治疗共花费239171.03元，其中，已经医保报销54544元。陈某的损伤经鉴定为：陈某因液化气烧伤面部颈部、躯干、双上肢，右眼失明，综合评定为五级伤残；陈某的误工期、护理期、营养期计算时间至定残前一天，需后续治疗费6万元。事故地位于某街道办事处免费提供的安置区，陈某及彭某、李某、余某均居住在该区。

陈某向一审法院起诉请求：判令某街道办事处、彭某、李某、余某共同支付陈某医疗费、后续治疗费、误工费、护理费、交通费、住院伙食补助费、残疾赔偿金、鉴定费、被扶养人生活费、精神损害赔偿金、交通费共计 1128570.93 元，并承担案件诉讼费、保全费等诉讼费用。被告某街道办事处、彭某、李某、余某不同意原告诉讼请求，请求法院予以驳回。①

（二）法院裁决

1. 一审判决

一审法院认为，本案案由应为无因管理纠纷。无因管理是指管理人没有法定的或者约定的义务，为避免他人利益受损失而管理他人事务。本案中，陈某出于为彭某、李某所居住的房屋排除险情、避免损失发生的目的进入室内关闭液化气罐，符合被管理人的利益，构成无因管理。陈某因管理事务受到损失，可以请求受益人给予适当补偿。法院判决：（1）由彭某、李某共同补偿陈某30 万元；（2）由某街道办事处补偿陈某 20 万元；（3）驳回陈某的其他诉讼请求。

2. 二审判决

二审法院认为，本案中，陈某在他人液化气泄漏，存在随时爆炸起火的情况下，为保护他人生命、财产安全，毅然爬窗进屋关闭液化气阀门，并在行为实施过程中因液化气起火被烧成五级伤残，其行为与一般的无因管理具有明显区别，故本案案由为见义勇为人受害责任纠纷。一审判决认定案由不当，但判决结果正确，予以维持。

---

① 详可参见（2022）湘 09 民终 736 号民事判决书。

二、以案说法

本案争议焦点为：一是陈某行为属于无因管理还是见义勇为；二是受益人应否对陈某的损失承担补偿责任，如应承担，补偿金额以多少为宜。

陈某为他人利益，以身赴险，体现了中华民族助人为乐、见义勇为的传统美德，应予以弘扬。保护见义勇为人员的合法权益，践行社会主义核心价值观，应为社会所倡导。《中华人民共和国民法典》（以下简称《民法典》）第一百八十三条规定："因保护他人民事权益使自己受到损害的，由侵权人承担民事责任，受益人可以给予适当补偿。没有侵权人、侵权人逃逸或者无力承担民事责任，受害人请求补偿的，受益人应当给予适当补偿。"所谓见义勇为，是指在没有法定或约定义务下的前提下，为保护他人的人身、财产权益，制止各种侵权行为、意外事件的救助行为，与无因管理具有一定相似性。本案中陈某的行为是无因管理还是见义勇为，一审法院和二审法院有不同观点。无因管理和见义勇为的区别主要在于：见义勇为的主体一般为自然人，行为范围具有广泛性，须在紧急危险情况下实施等。本案中陈某的行为从价值取向上，超越了一般的无因管理行为，而构成见义勇为，故应当以二审法院观点为准，适用见义勇为的相关法条。

关于本案受益人范围，原被告双方有不同观点：彭某、李某系事故房屋的使用人，为直接受益人，并无争议，但某街道办事处认为其并非受益人。经审查，案涉连体板房为某街道办事处所有，彭某、李某等征拆户系因政府项目征拆，由某街道办事处安排在事故发生地点居住，故陈某的行为除避免某街道办事处的财产损失外，亦避免了密集居住环境下潜在的人身伤亡风险，作为财产所有者，亦作为安全监督管理者，某街道办事处均为受益人，应承担补偿责任。就某街道办事处应承担的具体金额来说，陈某的损失达95万余元，但本案无侵权人，受益人的补偿责任范围除根据见义勇为人所受损失情况外，还应结合受益人的获益情况和其经济承受能力综合考虑。本案中，彭某、李某为板房的直接使用者，二人应承担较多的补偿责任。结合案涉连体板房的价值不高，液化气起火存在人身伤亡风险但实际未造成其他人受损的情况来看，作为次补偿责任人，某街道办事处应当承担20万元补偿责任。

三、专家建议

《民法典》关于见义勇为的规定，表明国家提倡守望相助、见义勇为的社会风气，同时也彰显中国司法秉持的价值取向，向全社会传递出乐于助人、善人善举行为受法律保护的信号。但是，见义勇为者在法律保护下，能大胆伸出援手的同时，也需要注意方式、方法。见义勇为者一方面要尽量保护自身，以免事后产生损害赔偿纠纷；另一方面尽量避免给受助人或其他人造成伤害，以免产生相应的侵权责任纠纷。

四、关联法条

《中华人民共和国民法典》第一百一十条、第一千零三条、第一千零四条、第一百八十三条。

机动车交通事故责任纠纷

搭便车中产生的伤亡谁买单

随着有车一族规模日益扩大，"好意同乘"现象已普遍可见。亲朋好友、邻里同事间在上下班、出游途中无偿互相搭载，既彰显互相帮助的社会美德，也有利于缓解交通压力、节约出行费用、实现资源利用最大化。但道路和驾驶情况纷繁复杂，各种意外总在不经意间发生。当"搭便车"遭遇安全事故，意外损害如何赔偿呢？

一、案例简介

（一）基本案情

2021 年 8 月 2 日，张某驾驶小型客车沿珲乌高速长春方向行驶，车上搭载冯某及案外人李某。张某行驶至珲乌高速 828 公里时因操作不当，车辆撞到道路右侧指示牌柱上，致使车辆损坏，张某、冯某及案外人李某受伤，事故发生后，冯某被送往医院治疗。根据交通事故认定书，张某驾车在行驶过程中未能确保行车安全，致使车辆碰撞道路右侧指示牌立柱，是造成事故的全部原因。张某承担事故的全部责任，冯某及李某不承担责任。

原告冯某向本院提出诉讼请求：（1）判令被告赔偿原告各

项损失共计 742025.3 元，其中医疗费 253203.4 元、住院伙食补助费 3200 元、营养费 6000 元、护理费 24452.4 元、残疾赔偿金 427969.5 元、残疾辅助器具费 650 元、精神损害抚慰金 20000 元、鉴定费 4550 元、交通费 2000 元；（2）原告保留后续治疗的权利。被告张某不同意原告诉讼请求，请求法院予以驳回。①

（二）法院裁决

法院经审理认为，张某系以自用车辆无偿搭载冯某，且并不存在故意或者重大过失，符合《中华人民共和国民法典》（以下简称《民法典》）第一千二百一十七条所规定的减轻赔偿责任的情形。因张某在本次事故中无重大过错及过失，且冯某作为"好意同乘"行为的受益人，应该适当减轻张某的赔偿责任比例，对于冯某的合理损失，法院根据本案的具体情况确定，张某按 70% 的责任比例承担民事赔偿责任。为减轻当事人诉累，法院在本案中对张某垫付的医疗费与转账一并予以处理，判决被告张某再给付原告冯某医疗费等各项费用共计 453565 元，驳回原告冯某的其他诉讼请求。

二、以案说法

本案的争议焦点包括：（1）张某搭载冯某的行为是否构成属于好意同乘，能否减轻其赔偿责任；（2）本案中事故责任如何划分。

关于争议焦点（1），根据《民法典》第一千二百一十七条规定："非营运机动车发生交通事故造成无偿搭乘人损害，属于该机动车一方责任的，应当减轻其赔偿责任，但是机动车使用人有故意或者重大过失的除外。"该条所涉内容即为生活中常见的

---

① 详可参见（2021）京 0112 民初 41170 号民事判决书。

好意同乘情形，其特征包括：多发生于个人之间、非营运车辆且无营利目的、旨在互帮互助等。本案中，张某驾驶的车辆系自用而非商业运营，根据交通事故认定书中的内容，其虽未能确保行车安全，但并不存在故意或重大过失的情形。由此，主要争议焦点在于张某是否无偿搭载冯某。根据证人证言，徐某等赠与张某1000元，该笔款项由冯某代收，至庭审之日，冯某并未归还该笔款项。冯某虽为张某的车辆支付油费290元，但并未超过赠与金额，无法据此认定冯某系有偿搭载。综上，张某系以自用车辆无偿搭载冯某，且并不存在故意或者重大过失，符合《民法典》第一千二百一十七条所规定的减轻赔偿责任的情形。

关于争议焦点（2），根据查明的事实，张某驾驶机动车发生交通事故，导致车内冯某受伤。交通部门认定被告张某负事故全部责任，冯某及案外人李某皆为无责。张某、冯某之间虽系好意同乘关系，但张某无偿施惠让冯某免费搭乘机动车并不意味着冯某甘愿冒一切风险，亦不意味着张某无须承担任何事故赔偿责任。作为机动车驾驶员，张某在驾驶车辆时对好意同乘者负有高度安全注意义务，其应按照道路交通安全法律、法规的规定，合理安全地操作车辆，以保障自身和同乘人的人身、财产安全。即使在无偿搭载的过程中，也不能减轻驾驶者对他人生命安全的注意义务。因张某在本次事故中无重大过错及过失，且冯某作为"好意同乘"行为的受益人，应该适当减轻张某的赔偿责任比例。对于冯某的合理损失，张某按70%的责任比例承担民事赔偿责任，并无不当。

三、专家建议

虽然《民法典》明确规定了"好意同乘"情形下应减轻驾驶

人的赔偿责任，以倡导互帮互助建立和谐人际关系，但是对于驾驶人而言，应始终积极履行安全驾驶注意义务，遵守驾驶规则，重视同乘人的生命健康安全。"好意同乘"并不意味着同乘人甘愿承担一切风险，驾驶人不能因为出于无偿等好意，就降低安全注意义务，导致"好心办坏事"。同时，同乘人也要保持足够安全意识，选择适合的驾驶者，搭乘符合安全标准的车辆。

四、关联法条

《中华人民共和国民法典》第一百一十条、第一千零三条、第一千零四条、第一千一百六十五条、第一千一百七十九条、第一千二百一十七条。

不戴头盔又载人，出了事故必担责

截至 2023 年，我国电动自行车的保有量超过了 3 亿辆。规模如此庞大的电动自行车"大军"也带来了非机动车交通事故的数量与日俱增，而在各种电动自行车交通事故中，不戴头盔和违规载人又是导致事故发生的两大重要原因。

一、案例简介

（一）基本案情

2021 年 1 月 29 日，宋某伟驾驶重型仓栅式货车，沿蓉阳变路由东往南倒车至蓉裕路交叉路口时，遇汪某祥驾驶电动自行车（车后搭载宋某红）沿蓉裕路由南往北行驶，结果宋某伟所驾车辆车尾左侧与汪某祥所驾电动自行车车身右侧部、中部发生碰撞，致汪某祥、宋某红 2 人受伤，二车损坏。事故经交警部门认定，宋某伟驾车在交叉路口倒车，其行为是造成该事故的直接原因；汪某祥驾驶电动自行车不按规定戴头盔且搭载宋某红上道路，未确保安全行驶，其行为是造成该事故的又一原因。宋某伟应负该事故的主要责任，汪某祥负事故次要责任。事故发生后，宋某红被送至医院救治，2021 年 4 月 8 日出院。其提供了医疗费票据等，主张花费医疗费 471999.78 元，其中紫金保险公司垫付70954.73 元。

重型仓栅式货车的登记车主为运输公司，宋某伟系实际车主，与运输公司之间系挂靠关系，该车在太平保险公司投保了交强险和保险金额为 100 万元的商业三者险。太平保险公司已在交强险现额内垫付 18000 元。[①]

（二）法院裁决

1. 一审判决

一审法院对交警部门的认定予以确认后，考虑事故发生在机动车与非机动车之间，酌定超出交强险部分由宋某伟承担 80% 的赔偿责任，汪某祥承担 20% 的责任。赔偿金额由太平保险公司支付。

2. 二审判决

二审法院认为，汪某祥对事故损失的扩大具有过错，应先承担 10% 的责任；剩余部分责任再由太平保险公司承担 80%。

二、以案说法

本案的争议焦点在于汪某祥是否应当承担责任，承担责任的比例是多少？

《中华人民共和国民法典》第一千二百零八条规定："机动车发生交通事故造成损害的，依照道路交通安全法律和本法的有关规定承担赔偿责任。"可见，在机动车交通事故中，承担责任的方式相对特殊。但实际上，机动车之间发生交通事故，责任的承担方式并无独特之处，适用特殊处理方式的其实是机动车与非机动车或行人之间发生事故。由于机动车天然的危险性，出于保护在交通行驶过程中处于相对弱势地位的非机动车和行人的目的，机动车发生交通事故应适用"优者风险自担"原则。具体而言，这

---

① 详可参见（2021）苏 02 民终 3871 号民事判决书。

一原则指的就是在受害人具有过失的情况下，考虑到双方对道路交通法规注意义务之轻重，按机动车辆危险性的大小，以及危险回避能力之优劣，依照公平原则分配交通事故的损害后果，相对于汽车而言，行人明显处于弱势，汽车的注意义务就应当重，这样在承担民事责任时，汽车的所有人或使用人在同等条件下承担的责任就应当更重。具体到法律规范中，即在机动车与非机动车的"碰撞"中，机动车适用无过错责任，只有在非机动车存在过错或故意的情况下，机动车才能相应减责或免责。

然而，如上所述，法律也并没有在事故责任分配过程中赋予电动车"金钟罩""铁布衫"，责任还是有可能击破"保护层"，找到电动车的。虽然当电动车与小汽车碰撞时，由小汽车承担责任，但倘若电动车一方存在过错，便可以减轻小汽车的责任，而小汽车的责任被减轻了，且责任又不可能凭空消失，那么这实际上就意味着电动车要承担部分责任了。电动车的过错包括但不限于闯红灯、逆行、超速、不戴头盔、违规载人等行为，其中"戴头盔"和"不载人"是近些年的交通安全宣传重点了，许多城市都出台了相应的规范。本案中，汪某祥在新闻媒体、交警部门等通过宣传、上街执法等方式对相关规定广而告之的情况下，仍然违规搭载宋某红，并且未佩戴安全头盔。所以，汪某祥应对损失的扩大承担责任。

三、专家建议

"肉身子"碰不过"铁壳子"。我们的"露天敞篷两轮车"无法在与"钢铁巨兽"的碰撞中保护我们的安全，我们必须为自己"加装"防护设备，而这个设备就是头盔。戴头盔不仅可以大大提高我们在交通事故中的生还概率、减轻损害，还可以在之后的责任分配过程中排除我们的过错，或降低我们的过错对损害发生或扩大的贡献力，进而减轻我们的责任。

四、关联法条

　　《中华人民共和国民法典》第一千一百六十六条、第一千一百七十三条、第一千一百七十九条、第一千二百零八条;《中华人民共和国道路交通安全法》第七十六条;《最高人民法院关于审理道路交通事故损害赔偿案件适用法律若干问题的解释》第二十四条。

触电人身损害责任

钓鱼"钓"到高压线，如何划分责任

随着近年来越来越多的年轻人加入"钓鱼佬"队伍，由钓鱼引发的安全事件数量也与日俱增。当你享受钓鱼乐趣的同时，你也必须具备一定的安全意识并掌握相应的维权知识。

一、案例简介

（一）基本案情

2022 年 7 月 5 日 15 时多，姚某从家拿鱼竿到自家鱼塘钓鱼。18 时 30 分左右，有村民见到姚某"扛着鱼竿由坝往上走（回家）"，"鱼竿是伸出来的状态"。其后不久，有村民发现姚某躺倒在鱼塘的北面坝上，钓鱼竿在身边。村民立即告知姚某家属。家属得知信息后，一边打 120 急救，一边报警勘查现场。姚某不治身亡。后本溪供电公司下属公司工作人员也到现场。经勘查，姚某家属及电力部门对姚某符合电击死亡特征无异议。姚某当时手持鱼竿长 7.2 米，鱼竿是伸出来状态，材质是碳素竿。姚某躺倒的位置，是姚某家鱼塘北面坝上田间小路，位于 10 千伏法铁线高压线 064 号杆与 065 号杆之间。该线路是国网辽宁省电力有限公司本溪供电公司供电线路。输电线路与鱼塘北坝基本平行由西向东方向架空通过，是裸线。线杆材质为水泥钢筋浇筑。该电力线路是 2011 年建设。近几年线路改造，除事发区域几档电杆未更换外，其余均更新为新水泥杆。该区域未设置警示标识。事发后，电力部门测量线路距地垂直高度为 6.78 米。[①]

（二）法院裁决

1. 一审判决

一审法院认为，姚某在高压电线路下方附近自家鱼塘中钓鱼后回家途中，鱼竿触电导致电击死亡，本溪供电公司作为高压线路的经营者和管理人，其利用高压线输送电力的行为属于从事高度危险作业，属特殊侵权主体，对姚某死亡的后果应承担高度危险作业致人损害的无过错责任。受害人姚某生前作为完全民事行为能力人，是事发地点的村民，明知高压线的存在，应当预见到在高压线下附近鱼塘中垂钓存在危险，钓鱼后，本应收竿行走，但其疏忽大意"扛着鱼竿走"且"鱼竿是伸出来的状态"，导致鱼竿触电致本人死亡后果发生，自身存在重大过失，应当对自身损害承担大部分责任，依法减轻本溪供电公司的赔偿责任。根据本案的具体情节，酌定本溪供电公司承担 40% 赔偿责任。

2. 二审判决

二审法院认为，案涉输电线路系 10 千伏高压线，经营者本溪供电公司依法应为该高压输电线路致人损害按照无过错责任原则承担赔偿责任。本案受害人姚某存在重大过失，依法应减轻本溪供电公司赔偿责任。二审法院审查后认为，本溪供电公司的上诉请求不能成立，应予驳回；一审判决认定事实清楚，适用法律正确，应予维持。

---

① 详可参见（2023）辽 05 民终 1042 号民事判决书。

二、以案说法

（一）高压电致人损害的无过错责任

无过错责任原则是伴随着现代化工业生产的发展而产生的一种归责原则。随着工业生产的不断发展，各种工业事故也频繁发生，但受害者要举证侵权人的行为存在过错是极其困难的，与此同时，各种工业设备或工业产品的"存在"本身就是一种危险。如果继续一刀切地对所有侵权行为适用过错责任原则，对受害者而言是不公平的，大量受害者将无法得到赔偿，社会矛盾将进一步激化。于是，无过错责任原则应运而生。

《中华人民共和国民法典》（以下简称《民法典》）第一千一百六十六条规定："行为人造成他人民事权益损害，不论行为人有无过错，法律规定应当承担侵权责任的，依照其规定。"此即无过错责任原则。换言之，在无过错责任原则下，行为人承担责任不在于行为人有没有过错，而在于是否有损害发生，法律对这种损害是否有特别规定。之所以将高压输电等作业规定为特殊侵权，是因为工业的高压具有潜在的危险性，对周围环境和人群具有重大的危险，高压电是人类生命健康无法承受的，在现有的科技水平下，是不能完全有效地控制和防止的，因此即使不存在过错，也必须承担损害赔偿责任。因此，本案中，姚某的亲属无须对本溪供电公司是否存在过错承担举证责任，同时，本溪供电公司也不得将其不存在过错作为抗辩理由，主张不承担侵权责任。

（二）责任主体的认定

《民法典》第一千二百四十条规定："从事高空、高压、地下挖掘活动或者使用高速轨道运输工具造成他人损害的，经营者应当承担侵权责任……"本案中，法院在查证"该线路是国网辽宁省电力有限公司本溪供电公司供电线路"后，将本溪供电公司认定为案涉高压线的经营者和管理人。也就是说，法院对于经营者的判断标准是相关主体是否对相应的电力设施享有产权，即谁是相关电力设施的产权人，谁就是侵权行为的责任承担者。可见，供电设施的产权界限在供用电的经营中具有重要意义，能够划清发电、输电、供电、用电的不同经营者，所谓的"经营者"并非静止不动地永远指向供电企业，而是需要以特定时刻的电力设施的产权界分点为标准，判断此时的电能处于哪一方主体的产权范围之内，在该特定时刻对电能享有所有权并具备经营电能的客观能力的主体，就是所谓的"经营者"。本案中，由于本溪供电公司是案涉高压线的产权人，那么本溪供电公司也就是本案侵权行为的责任主体。

（三）免责事由

虽然本溪供电公司在本案中不能以自己不存在过错相抗辩，但如果其能够证明姚某是故意造成损害的、案件存在不可抗力或是姚某存在重大过失，则本溪供电公司也能够相应地免责或减轻责任。而姚某作为一名完全民事行为能力人、一名本地村民，理应对自家附近存在高压线的情况存在有所了解，对于"不收竿且抗竿行走"的行为危险性更是应该有所预见。可以说，姚某对于触电事件的发生具有重大过失，应当减轻本溪供电公司的责任。

三、专家建议

钓鱼爱好者在垂钓过程中关注自身安全，谨慎观察周边环境，避免碰触高压电线等危险事故的发生。如果不幸触电受伤，要坚决拿起法律武器维权，及时拍照固定证据，并根据电力设施的产权归属，选择向发电公司、供电公司或用电公司等经营者提出赔偿请求。但需要注意的是，如果高压线非常明显且符合相关规定，或自身存在操作不当行为，甚至高压线附近存在"高压危险、禁止垂钓"等警示标志，那么垂钓者可能会被认为对损害的发生存在重大过失，进而降低对方的侵权责任。更有甚者，一些"初生牛犊"可能会相互比拼谁能"钓"到高压线，在这种情况下，电力设施的经营者便完全无须承担侵权责任，所谓的"受害者"及其亲属也只能自食苦果了。

四、关联法条

《中华人民共和国民法典》第一千一百六十六条、第一千一百七十九条、第一千一百八十一条、第一千二百四十条。

"电表"漏电致伤亡，该告谁

或是修理电器忘拉电闸，或是各种电路原因导致的电表、电器漏电……家庭用电致人损害的新闻已经屡见不鲜。此处的"电表漏电"也并非仅指"电表"这一用电计量装置的漏电事故，而是泛指我们家庭日常生活中易于接触的低压电致人损害的事故。当我们因碰触低压电而受伤时，我们能否向其他主体请求赔偿呢？

一、案例简介

（一）基本案情

2022年3月12日，河东村委会雇用吕某为河东村委会安装喇叭布线。吕某称电线杆有两层电表，无法使用脚扣，故使用了梯子。但梯子顶部只能到第一层电表箱的顶部，吕某需利用电表上的横杆继续向上爬。在向上爬的过程中，吕某的手触碰到两层电表上端两个摄像头之间的小短横杆上，该横杆上有一根铁丝，铁丝吊着高某家的电线，因为电线漏电，传导到小短横杆上，导致吕某触电，从4米左右高的电线杆上坠落。吕某摔伤后，被送往医院住院治疗。经诊断，吕某腰2、5椎体爆裂骨折，腰2—5左侧横突骨折，腰1—4椎体棘突骨折，腰4椎体双侧下关节突骨折，腰5椎体双侧上关节突骨折，左侧多发肋骨骨折（第5至12肋），电击伤，双肺挫伤，左侧液气胸，脑外伤后神经反应，多处皮肤擦伤。本案中，双方一致认可吕某因高某家入户线漏电导致触电后摔伤。①

（二）法院裁决

1. 一审判决

一审法院认为，高某、吕某和河东村委会均存在过错。故综合事实与证据情况，对于吕某电击摔伤导致的各项损失，法院酌定高某承担 30% 的赔偿责任，河东村委会承担 30% 的赔偿责任，吕某承担 40% 的责任。

2. 二审判决

二审法院同样认为，高某、吕某和河东村委会均存在过错。本案中，二人以上分别实施侵权行为，造成同一损害后果，且每个侵权行为都不足以造成全部损害后果。就责任份额的划分，考虑各方的过错和损害发生的原因力，一审法院酌定高某承担 30% 的赔偿责任，河东村委会承担 30% 的赔偿责任，吕某自身承担 40% 的责任，责任比例划分适当，本院予以确认。吕某、高某针对一审法院认定的责任主体及责任比例所提出的上诉理由，均缺乏事实和法律依据，本院不予支持。

二、以案说法

（一）低压电致人损害的过错责任

《供电营业规则》第六条规定："供电企业供电的额定电压：（1）低压供电：单相 220 伏，三相为 380 伏；（2）高压供电：为 10、35（63）、110、220 千伏。"故本案为 220 伏的低压电触电事故。由于低压电并不具备高压电的巨大危险性，故不应适用高压电

---

① 详可参见（2023）京 01 民终 1411 号民事判决书。

线致人损害的无过错责任，而应适用一般侵权责任，即过错责任。换言之，低压电致人损害案件中，受害人需要证明加害行为、损害结果、因果关系、主观过错四个要件。本案中，若吕某意图请求高某、村委会、电力公司承担侵权责任，则需证明高某、村委会、电力公司对损害结果的发生均具有加害行为、因果关系和主观过错。

（二）责任主体的认定

本案中，吕某受伤的主要原因是触电后从梯子上跌落，那么漏电的电线的产权人便是吕某受伤的第一责任人。如果存在其他对吕某受伤结果有过错的主体，这些主体也应承担相应的责任。

具体而言，对于高某而言，《电力供应与使用条例》第二十六条规定："……用电计量装置，应当安装在供电设施与受电设施的产权分界处。安装在用户处的用电计量装置，由用户负责保护。"案涉供电线路的漏电处位于用电计量装置的受电设施一侧，即高某家的入户线，高某系案涉线路在电力公司登记的用电人。因高某家的入户线漏电传导至电线杆的金属横杆，吕某在攀爬作业时触电导致摔伤，高某作为用电人，未能及时发现、修复漏电线路，存在过错，应对吕某的触电摔伤的损害结果承担责任。对于河东村委会而言，《电力设施保护条例》第十四条规定："任何单位或个人，不得从事下列危害电力线路设施的行为：……擅自攀登杆塔或在杆塔上架设电力线、通信线、广播线，安装广播喇叭……"河东村委会雇用吕某攀爬电线杆进行广播设备的布线作业，虽然吕某有电工作业资质，但河东村委会事前并未向电力公司报备，在吕某进行高处电力作业时亦未尽到全面的监督、管理义务，应对吕某触电摔伤的损害结果承担责任。对于电力公司而言，电力公司并非案涉漏电线路的产权人，亦无对属于用电人产权的案涉线路进行检修、维护的法定义务，故无须承担责任。

（三）免责事由

《中华人民共和国民法典》第一千一百七十三条规定："被侵权人对同一损害的发生或者扩大有过错的，可以减轻侵权人的责任。"本案中，吕某作为具有电工作业资质的专业人员，在进行高处电力作业时，应佩戴专业的安全防护设备，但其未佩戴专用绝缘手套，未尽到合理、谨慎的注意义务，对于损害的发生具有过错，自身应承担相应责任。

三、专家建议

低电压也能造成高伤害。人们在日常生活中往往对高压电退避三舍，而对低压电不够注意。但与人们"打交道"最多的还是低压电，每年的低压电损害事故数量较大。因此，我们在日常用电过程中必须加强安全用电意识，谨记"电线千万条，安全第一条；用电不规范，亲人两行泪"。倘若还是不幸因低压电受到伤害，不妨按照以下步骤维权：第一，确定漏电设备的产权，产权人便是侵权责任人；第二，即便漏电设备的产权属于某用电家庭，你还可以去确认供电公司是否尽到了安全保障义务，比如供电公司是否依规安装了剩余电流用电保护器；第三，如果你是在受雇检修电路的过程中受伤的，还要确认雇主是否尽到了全面的监督管理义务。

四、关联法条

《中华人民共和国民法典》第一千一百六十五条、第一千一百七十二条、第一千一百七十三条、第一千一百七十九条；《供电营业规则》第六条；《电力供应与使用条例》第二十六条；《电力设施保护条例》第十四条。

防卫过当损害责任纠纷

保姆向老人"还击"，是正当防卫还是防卫过当

当保姆虐待老人时，老人及其亲属可以诉求保姆承担侵权责任，在情况严重时，保姆甚至应当承担刑事责任。但是，当老人打骂保姆时，保姆该如何行使防卫权呢？正当防卫与防卫过当只有一墙之隔，墙的两边却是天壤之别。

一、案例简介

（一）基本案情

杜某系照顾郑某的住家保姆，月工资 5000 元。

2019 年 10 月 24 日，被告杜某与原告郑某的儿子微信联系，杜某称"她（指原告）老怀疑，老说黑夜里来人"；"她老怀疑我约人偷她，前几天她拿了两根棍子，放床头一根，放卧室门口一根，说谁来就砸死他"；"今晚门看三遍了"；"她又把桌子上放的剑拿下来放眼前了，我真的是很怕她，咋办？"；"她这脾气太大了"。原告儿子回复称，"告诉她有监控，来人我就看见了"，"只要她高高兴兴，身体别出情况，大家都皆大欢喜，出了问题谁也不好受"，"很多问题顺着她，让她高兴就行，不是给她纠正的"，"她这不是脾气大，是糊涂，性格不受控制，自己在干什么自己都

不知道，这个不需要我一次次地说，她糊涂，你又不糊涂"。

杜某称郑某拿木棍和铁剑打她，于是杜某将木棍和铁剑从郑某手中夺走并扔到阳台。但是郑某仍然抓她、踢她，于是杜某将郑某推倒在床上并用手按住老太太的胳膊和腿，待郑某不反抗后便松开了手。

郑某称，是杜某先将她推倒在床上，并压住她的胳膊和腰，郑某才拿出木棍的。

另查明，郑某家中安装有监控摄像头，但原告称监控网线未插好，无监控录像。[①]

（二）法院裁决

1. 一审判决

一审法院认为，首先，被告杜某不存在伤害原告的故意。其次，原告郑某主张被告杜某伤害原告，但事发之前之后，监控录像始终处于原告之子控制使用范围，作为能够证明事发当晚真实情况的最直接证据，原告称监控网线未插好，无监控录像，在无其他证据证明被告主动伤害原告的情况下，原告应当承担对其不利的法律后果。所以，在无其他证据证明杜某存在主动伤害行为的情况下，其目的是防止郑某伤害自己，系正当防卫行为，但双方在年龄体力方面，被告杜某均处于绝对优势地位，其对郑某具有防卫过当的过失，且造成不应有的损害，应承担适当的责任，法院酌定为 2000 元。

2. 二审判决

二审法院认为，一审法院所作上述认定及裁判具有事实和法律依据。上诉人郑某的上诉请求不能成立，应予驳回。一审判决

---

① 详可参见（2021）鲁 02 民终 7133 号民事判决书。

认定事实清楚，适用法律正确，应予维持。

郑某不服二审法院作出的判决，遂申请再审。再审法院认为，郑某的再审申请不符合《中华人民共和国民事诉讼法》第二百零七条第二项、第六项规定的情形，驳回郑某的再审申请。

二、以案说法

（一）正当防卫的认定

正当防卫与侵权行为，二者一正一邪。

所谓正当防卫，是指行为人为了保护社会公共利益、自身或者他人的合法权益免受正在进行的紧迫侵害，针对这一非法侵害采取必要措施，在必要限度内采取的防卫措施。属于"正义"之举。

所谓侵权行为，就是侵犯他人民事权益的行为，需要满足以下四个要件：损害行为、损害结果、因果关系和主观过错。属于"非正义"之举。

就本案而言，判断杜某的行为是否属于侵权行为的关键就在于杜某是否具有侵害郑某权益之故意。本案中，原告郑某在公安机关陈述其误以为杜某要打她，拿起木棍却被杜某夺走，后被杜某推倒到床上并被按住不能活动，其并未陈述杜某主动实施殴打动作，仅称杜某用拖鞋打她，也使用的是"好像还记得"的词汇，并非确定无疑；而被告杜某陈述其夺走原告的木棍和铁剑并扔到阳台后，为防止原告继续伤害被告而将其控制在床上，两方陈述能够相互印证，且杜某与原告之子在事发之前的聊天记录中亦显示郑某因年事已高，经常怀疑他人，可以认定双方陈述真实，无明显不合情理或不一致之处，被告杜某并不存在伤害原告的故意。

（二）防卫过当的判定

当被"巴掌"侵犯时，能用"砍刀"进行防卫吗？

由于正当防卫本身具有正当性，是一种合法行为，因此在符合正当防卫构成要件的前提下，对此造成的损害，防卫人不承担赔偿责任。然而，正当防卫行为应当以制止损害的必要限度为界限，超过这一必要限度，给实施不法侵害行为的人造成重大损害的，即构成防卫过当。防卫过当的前提是防卫行为超出了制止侵害的必要限度，其民事责任适用过错责任原则，即实施防卫行为的人在主观上存在故意或者过失，其行为超出了制止侵害的必要限度的情况下，才能构成防卫过当，进而承担民事责任。所谓必要限度，即防卫应以有效制止不法侵害所必需为限，同时考察防卫与侵害双方的性质、手段、强度、后果等大体相适应。

就本案而言，双方在年龄体力方面，被告杜某均处于绝对优势地位，其对郑某具有防卫过当的过失，且造成不应有的损害，应承担适当的责任。面对一名87岁的老人，杜某并不需要采取将其压制在床上的防卫方式，而将其锁在卧室中就足以维护自身的安全了。

（三）防卫过当的责任承担

根据"防卫过当"的有关规定，正当防卫超过必要的限度，造成不应有的损害的，正当防卫人应当承担适当的民事责任。就本案而言，这意味着杜某并不需要承担郑某受伤的全部责任，而是应当减轻杜某的赔偿责任，杜某仅需对超出防卫限度的那部分损害，即对"不应有"的那部分损害予以赔偿。

三、专家建议

当我们处于某段雇用关系中时，作为相对弱势的雇员群体，我们往往不敢对雇主的种种不公正行为作出反抗。这就导致一些雇主可能会变本加厉，作出更加过激的、直接侵犯我们民事权益的行为。此时，我们必须坚决地行使防卫权以保护自身安全。"正当防卫"这把尚方宝剑能够确保我们没有后顾之忧地保护自己。但是，在行使防卫权时，我们也千万不可失去理智，作出一些超出防卫限度的"报复"行为。

四、关联法条

《中华人民共和国民法典》第一百八十一条、第一千一百六十五条;《最高人民法院最高人民检察院公安部关于依法适用正当防卫制度的指导意见》第十二条。

道路施工损害责任纠纷

警惕地面"陷阱"

在城市发展和改造过程中，道路施工现场往往会有许多围挡，这些围挡虽然碍事，但客观上也保护了当地群众的出行安全。那么，当我们因道路施工而受伤时，应该如何维权呢?

一、案例简介

（一）基本案情

2021 年 10 月 14 日 18 时许，受害人陈某（已故）在三潭东里 9 号楼旁的路上倒地致头部受伤、意识丧失，路过的居民看到后拨打 110 报警并经由 120 送至南开医院抢救，初步检查诊断为硬膜下血肿，经原告家属"要求自请离院，拒绝进一步治疗"，出院至天津市环湖医院就诊。10 月 16 日 15 时 42 分，陈某因呼吸循环衰竭于天津市环湖医院死亡。其间，其病历记录显示"家属暂不考虑手术治疗""家属决定放弃胸外按压等一切有创伤抢救措施，仅用药物维持"。

经查，上述事故发生时，天津市南开区三潭东里正在进行海绵城市改造项目，该项目系 ×× 建公司承建，该工程总工期四个月（2021 年 8 月 24 日至 2021 年 12 月 31 日），其中一区域施工时间为 2021 年 8 月 24 日至 2021 年 10 月 2 日，该事故发生地即位于该区域，事发时该区域并未按时完工，且未张贴公示。通过110 报警现场处置视频和现场照片显示该路面非正常沥青路面，存在不平整，有石子、石块等杂物情况，除路灯外无施工照明设施，且现场设置的警示标志已不明显。①

（二）法院裁决

1. 一审判决

一审法院认为，××建公司对该事故负有主要责任，酌定责任比例为 70%。赔偿原告医疗费、死亡赔偿金、精神抚慰金、被抚养人生活费等共计 27 万余元。

2. 二审判决

二审法院认为，××建公司的上诉请求不能成立，应予驳回；一审判决认定事实清楚，适用法律正确，应予维持。

二、以案说法

本案争议焦点在于 ××建公司是否尽到了安全保障义务，即是否在施工区域设置了明显标志和采取了安全措施。

（一）安全保障义务

每一块施工工地都有潜在的危险，可能致使路过的行人受损。但是，"道路施工"所带来的危险与"高度危险责任"中规定的事物或事件所带来的危险性并不能相提并论。单单对物的持有并不能成为承担责任的基础，此时，须考虑责任人的行为因素，但与责任人自身行为致损的情况相比，在物件致人损害的情况下，责任人的行为与损害结果之间的距离比较远，导致损害的直接原因

---

① 详可参见（2022）津 01 民终 7131 号民事判决书。

往往是物件的作用，比如说本案中"不平整的路面"。因此，必须在责任人与物件之间建立联系，这个联系便是安全保障义务。它要求制造或者维护危险源之人，须采取必要的或者可能的措施避免他人损害之发生。具体到公共场所或道路施工的场景下，即施工人基于其对施工场所的支配而产生的防止物理危险出现的义务，必须设置明显的警示标志并采取安全措施。

本案中，事发现场为中能建公司负责的海绵城市改造项目所覆盖的区域，而该区域的路面不平整，仍有石子、石块等，并非正常沥青路面，且××建公司没有设置照明设备等安全措施，曾经设置的警示标志也因时间久远变得不够明显。可以说，××建公司没能完全履行安全保障义务，应对受害人的死亡承担相应的民事责任。同时，由于受害人陈某的死亡后果与其身体存在多种基础性疾病及抢救过程中的处置等情况相关，所以最终判定××建公司承担70%的责任。

（二）举证责任倒置

一般而言，根据"谁主张，谁举证"的原则，受害人应当证明行为人存在损害行为、损害事实、因果关系、主观过错四个要件。但在"道路施工致人损害"案件中，受害人无须证明行为人有过错，而是行为人需要证明自己没有过错，否则就应当承担责任。这也被称为过错推定原则，该原则在解决特殊侵权行为、维护弱势群体以及实现社会公正方面具有显著作用。就本案而言，××建公司负有证明自己尽到了安全保障义务，不具有过错的义务。需要注意的是，过错推定原则并不是一种独立的归责原则，它本质上仍然是过错责任，以主观过错为侵权人承担责任的要件之一。如果××建公司能够证明自己不存在过错，那么就无须承担侵权责任。

三、专家建议

既然"挖沟"的目的是推进城镇化、是改善人民群众的生活环境、是提高人民群众的生活质量，那么在"挖沟"的过程中就必须注重安全保障义务的履行，保障周边群众的生命财产安全，否则"挖沟"便失去了意义。对于周边群众与过路行人而言，如果不慎"掉沟"，那么请大胆维权！毕竟施工单位负有证明自己没有过错的义务，而你只需要证明自己的损害与施工有因果关系即可。

四、关联法条

《中华人民共和国民法典》第一千一百六十五条、第一千一百七十三条、第一千一百七十九条、第一千一百八十一条、第一千二百五十八条。

医疗损害责任纠纷

医院未履行说明义务导致畸形宝宝出生，怎么赔

产检是保障妈妈和宝宝健康的重要措施。标准化的产检能够辨认是否存在高危妊娠和胎儿异常情况，进而决定是否采取干预措施，对于进一步降低孕产妇死亡率和胎儿出生缺陷率具有重要价值。甚至可以说，产检关系着一个家庭的幸福，乃至影响着一个家庭的命运。医院作为专业的诊疗机构，应当负有告知准妈妈一家及时、按时进行产检的义务。如果因为医院怠于说明，导致产检未能按时进行，进而导致妈妈和宝宝出现危险，那么医院将负有不可推卸的责任。

一、案例简介

（一）基本案情

吕某旺、王某慧系吕某之父母。王某慧于 2018 年 5 月 2 日因"闭经 10+2 周"至 A 妇儿医院处就诊，此后至孕周 30+5 期间均在 A 妇儿医院处进行孕期检查，2018 年 12 月 17 日分娩生育一女吕某。吕某于 2019 年 6 月 26 日被诊断为不完全腭裂，于 2019 年 11 月 13 日检查提示适应性边缘状态、大运动中度发育迟缓、精细动

作正常、语言轻度发育迟缓、个人社交轻度发育迟缓，于2020年6月4日被诊断为身材矮小，于2021年10月20日被诊断为迪格奥尔格综合征、发育迟滞等。

2022年8月22日，北京中衡司法鉴定所出具《复函》，表示：（1）根据北京市《产前诊断与产前筛查工作规范》相关规定，产前诊断的对象包括35岁以上（包括35岁）的高龄孕妇，王某慧孕期年龄超过35周岁，属于高龄孕妇，A妇儿医院产检期间没有建议产前诊断亦没有告知相关风险，使王某慧丧失了产前诊断机会，影响王某慧一方的优生优育选择权；（2）考虑到王某慧之女染色体微缺失为自身异常，常规产前检查存在局限性，产前明确诊断存在一定困难，自身存在的不利因素是其损害后果的根本性原因，故鉴定意见仅建议A妇儿医院承担轻微原因。[①]

（二）法院裁决

1. 一审判决

一审法院认为，吕某的染色体微缺失为自身异常，受医学诊疗水平的制约，产前明确诊断存在一定困难。但A妇儿医院在产检期间未建议王某慧前往诊疗机构进行相应检查，亦未对相关风险进行告知，具有过错，酌定其按照10%的责任比例承担赔偿责任。

2. 二审判决

二审法院认为，一审法院结合本案实际情况，酌定A妇儿医院按照10%的责任比例承担赔偿责任，并无明显不当，本院予以维持。对于A妇儿医院主张其不应承担赔偿责任的上诉请求，缺乏事实及法律依据，本院不予支持。遂驳回A妇儿医院的上诉，

[①] 详可参见（2023）京03民终4228号民事判决书。

维持原判。

二、以案说法

（一）患者的知情同意权

随着社会的发展，法治观念逐渐深入人心。传统的"以医师为本位，认为患者仅仅是医疗的客体，即使没有患者的同意，医疗行为也是合法的"的观念逐渐被扭转。患者拥有了知情权与决定权，他们有权知道医疗措施与后果、医疗的风险、治疗的效果、不治疗的后果、治疗的经济负担，治疗的替代方案等诸多信息，并根据这些信息作出自己的决定。并且，医务人员仅仅是向患者告知相关情况还不够，他们还需要确保患者理解了医生们所说的内容。只有这样，患者的知情权才算得到了充分实现，医务人员才算充分履行了说明义务。就本案而言，王某慧与吕某旺有权从 A 妇儿医院处得到前往诊疗机构进行产前诊断的专业建议，但实际上这对夫妻并未得到相关建议，他们的知情权、选择权未能得到充分保障。

（二）医务人员的说明义务

医疗机构的告知义务的来源，是患者享有的知情同意权，正是由于患者享有知情同意权，医疗机构才应当对患者履行告知义务。医务人员违反该义务便有可能承担侵权责任。就本案而言，如果王某慧、吕某旺在王某慧孕期得知其胎儿存在异常或畸形的可能，可通过《中华人民共和国母婴保健法》规定的产前诊断进行确诊，并选择是否终止妊娠。根据北京中衡司法鉴定所出具的司法鉴定意见书显示，王某慧属高龄产妇，需行产前诊断，而 A 妇儿医院在产检期间未建议王某慧前往诊疗机构进行相应检查，亦未对相关风险进行告知，使王某慧丧失了产前诊断的机会，在一定程度上影响了王某慧、吕某旺的优生优育选择权。即 A 妇儿医院在对王某慧、吕某旺的知情权、选择权的保障上确有瑕疵，故应当承担相应责任。

三、专家建议

缓解医患关系紧张局面的关键就在于医患沟通。实现医患良性沟通，需要医患双方共同努力。对于患者而言，意味着要理解医生工作的特殊性，相信医生工作的职业性；对于医生而言，就意味着要充分尊重病患，切实履行说明义务。在此基础上，患者要清楚地知道自己是享有知情同意权的，患者有权请求医生告知相关诊疗信息，解答自己的疑惑，并由自己决定是否进行某些治疗。当医生未履行或未完全履行说明义务，导致患者权益受损时，患者以此为依据请求医疗机构承担相应责任是理所应当的。

四、关联法条

《中华人民共和国民法典》第一千一百六十五条、第一千二百一十八条、第一千二百一十九条；《医疗事故处理条例》第十一条；《医疗机构管理条例》第三十二条；《中华人民共和国母婴保健法》第十七条、第十八条。

钢板断裂导致患者二次骨折，责任如何确定

医疗器械本是帮助患者恢复健康、回归正常生活的"助推器"，但倘若其存在缺陷，也可能成为患者康复路上的"绊脚石"。试想一下，医院通过植入钢板的方式对一名小腿骨折的患者进行治疗，患者艰难地熬过了"伤筋动骨一百天"，但体内的钢板突然"骨折"，将刚刚愈合的断骨再次打断。这是何等的揪心？如果真的不幸遇上这种悲剧，患者又该如何维权呢？

一、案例简介

（一）基本案情

2018年7月21日，柴某因右股骨中上段骨折、右小腿挫伤、右足挫伤到某县人民医院治疗。某县人民医院对骨折部位进行手术治疗。2018年8月15日，柴某出院，回家静养。2019年4月下旬，柴某骨折部位疼痛，并伴有肿胀。2019年5月5日，柴某到该院复查，发现手术部位固定的钢板发生断裂，导致骨折处又骨折且未愈合，并出现术后感染。2019年5月13日，柴某转入哈医大一院治疗，两次住院共支出医疗费57647.87元。

某县人民医院主张案涉钢板系合格产品，断裂系柴某使用不当造成，但某县人民医院既没有举证证明其植入柴某体内的钢板

属于合格产品，也没有举证证明断裂系柴某人为原因导致。[①]

（二）法院裁决

1. 一审判决

一审法院认为，柴某受到的伤害是因为植入的钢板断裂导致的，故某县人民医院应承担赔偿责任。某县人民医院应当赔偿柴某医疗费、护理费、手术费、误工费、营养费共计263595元。

2. 二审判决

二审法院认为，一审法院依照产品质量责任的归责原则，认定应当由某县人民医院承担赔偿责任符合法律规定。但对于误工费等金额计算错误，遂撤销一审法院判决。最终决定判决某县人民医院赔偿柴某医疗费、住院伙食补助费、误工费、护理费、营养费、二次手术费等费用共计217720.65元。

二、以案说法

（一）医疗产品提供者的无过错责任

医疗产品损害责任是无过失责任，但并不是说对医疗产品缺陷的产生，生产者和销售者没有过错。因为，医疗产品存在缺陷本身就是一种过错。在现代社会对医疗产品质量的要求越来越具体、详细的情况下，如果医疗产品不符合规定的质量要求，则医疗产品的生产者就具有过错，除非是现有的科学技术无法发现。因此，受害者在请求存在缺陷的医疗产品提供者承担责任时便无须证明提供者存在过错。不过，如果医疗产品确实不存在缺陷，提供者当然可以免责，但是证明医疗产品不存在缺陷的举证责任仍然在医疗产品的提供者。就本案而言，柴某无须证明某县人民

[①] 详可参见（2021）黑01民终2183号民事判决书。

医院存在过错，只需证明钢板与其二次骨折间有因果关系即可，而某县人民医院要想免责，则需要证明钢板不存在缺陷。某县人民医院没能举证证明其植入柴某体内的钢板属于合格产品，故其应当承担相应不利后果。

（二）医疗产品提供者间的不真正连带责任

与连带责任相同，不真正连带责任也属于共同责任。不真正连带责任最直观的特殊之处在于存在一个终局责任人。但是，谁是终局责任人对于受害者而言并不重要，受害者只需要知道医疗机构和医疗器械的生产厂家应当对其承担连带责任即可。也就是说，当患者因医疗机构在治疗过程中提供有缺陷的医疗器械而受到损害时，患者既可以起诉医疗机构，也可以起诉医疗器械的生产厂家，还可以将它们二者作为共同被告、一起起诉，患者成功维权的概率将大大提升。就本案而言，柴某选择起诉某县人民医院当然没有问题，即便医院只是钢板的"搬运工"，并非钢板的生产者。此外，柴某其实也可以选择将某县人民医院和钢板的生产厂家一同起诉，毕竟多一个被告、多一个人承担责任，柴某获得足额赔偿的概率也大一些。

三、专家建议

当患者因医疗器械等医疗产品受到损害时，不必顾虑相关知识匮乏而不敢维权，可先凭借日常经验判断相关医疗产品是否可能存在问题。比如在正常情况下，植入的钢板断裂是否正常？心脏起搏器"罢工"是否正常？输血后患艾滋病等血液传染疾病是否正常？如果患者认为自己的损害是产品存在缺陷导致的，那么可以尝试起诉医疗产品的提供者，毕竟患者对于产品缺陷没有证明责任，而医疗产品提供者一方需要通过证明产品没有缺陷以寻求免责。此外，患者在起诉时有权将医院和医疗产品的生产者一同告上法庭，确保自己能够拿到应得的赔偿。

四、关联法条

《中华人民共和国民法典》第一千一百七十九条、第一千二百二十三条;《最高人民法院关于审理医疗损害责任纠纷案件适用法律若干问题的解释》第三条、第七条、第二十一条、第二十二条、第二十三条。